Zahlenzauber 1

Fördermaterialien

Erarbeitet von
Barbara Eiband
Eva Nagai
Juliane Rusch

Bettina Betz
Angela Bezold
Ruth Dolenc-Petz
Carina Hölz
Hedwig Gasteiger
Petra Ihn-Huber
Christine Kullen
Elisabeth Plankl
Beatrix Pütz
Carola Schraml
Karl-Wilhelm Schweden

Illustriert von
Mathias Hütter
Renate Möller

Ich bin Bim.

Ich bin Simsala.

Und ich bin Eulalia.

Kopiervorlagen, Lösungen und weitere Materialien
im Internet verfügbar unter
www.cornelsen.de/webcodes   **Code: cineti**

Oldenbourg Schulbuchverlag, München

Inhaltsverzeichnis

FM-Seite	Titel	SB-Seite Allgemeine Ausgabe	SB-Seite Ausgabe Bayern
3, 4	Im Zauberwald – Was kannst du schon?	4/5	4/5
5, 6	Zählen in der Schule	6/7	6/7
7, 8	Als Zahlendetektive unterwegs	8/9	8/9
9, 10	Schüttelschachteln	10/11	10/11
11, 12	Rechts oder links – über oder unter	12/13	12/13
13	Viele Schätze schnell gezählt	14/15	14/15
14	Finger schnell gezählt	15	15
15–17	Zahlen blitzschnell erkannt	16/17	16/17
18	Immer 10	18/19	18/19
19, 20	Wir vergleichen: > < =	20/21	20/21
21–23	Zahlen stechen	22/23	22/23
24, 25	Grundwissen ①	24/25	24/25
26, 27	Schau genau – Linien und Figuren	26/27	–
28, 29	Figuren und Muster legen	28/29	26/27
30, 31	Dazulegen oder wegnehmen	30/31	28/29
32, 33	Plus- und Minusrechnen	32/33	30/31
34, 35	Auf dem Weihnachtsmarkt	34/35	40/41
36	Würfeln	36	32
37	Tauschaufgaben	37	33
38	Minusaufgaben zaubern	38	34
39	Umkehraufgaben zaubern	39	35
40	Plusaufgaben bis 10 sammeln und ordnen	40	36
41	Plusaufgaben bis 10 schnell im Kopf	41	37
42	Minusaufgaben bis 10 sammeln und ordnen	42	38
43	Minusaufgaben bis 10 schnell im Kopf	43	39
44, 45	Drei Zahlen – vier Aufgaben	44/45	42/43
46, 47	Rechnen mit Ziffernkarten	46/47	44/45
48, 49	Rechengeschichten	48/49	46/47
50, 51	Zahlen verzaubern ⊕ und ⊖	50/51	48/49
52	Eckige Figuren	52	50
53	Eckig oder rund?	53	51
54, 55	Flächenformen	54/55	52/53
56, 57	Die rote Brücke	56/57	54/55
58, 59	Grundwissen ②	58/59	56/57
60	Ein Bild – viele Rechnungen	60	58
61	Eine Rechnung – viele Bilder	61	59
62, 63	Zahlenmauern	62/63	60/61
64, 65	Links und rechts – immer gleich viel	64/65	62/63
66	Dominosteine vergleichen	66	64
67	Rechnungen vergleichen	67	65
68, 69	Fragen und Antworten	68/69	66/67
70	Zehner und Einer	70	68
71, 72	Die Zahlen bis 20	71	69
73, 74	Den Zahlen bis 20 auf der Spur	72/73	70/71
75, 76	Zwanzigerseil und Zahlenstrahl	74/75	72/73
77, 78	Eine Hälfte genau wie die andere?	76/77	74/75
79, 80	Verwandte Aufgaben	78/79	76/77
81, 82	Verdoppeln und halbieren	80/81	78/79
83, 84	Grundwissen ③	82/83	80/81
85–88	Nachbaraufgaben	84/85	82/83
89, 90	Zwischenstopp bei 10 ⊕	86/87	84/85
91, 92	Zwischenstopp bei 10 ⊖	88/89	86/87
93, 94	Rechenwege und Rechentricks	90/91	88/89
95, 96	Spannendes am Geobrett	92/93	90/91
97, 98	Rot oder blau? – Kugeln ziehen	94/95	92/93*
99, 100	Plus/Minus	96/97	94/95
101, 102	Grundwissen ④	98/99	96/97
103, 104	Wege zum Piratenschatz	100/101	98/99
105, 106	Unser Geld: Euro (€)	102/103	100/101
107, 108	Einkaufen und bezahlen	104/105	102/103
109, 110	Unser Geld: Cent (ct)	106/107	104/105
111, 112	Vorwärts und rückwärts auf dem Zahlenstrahl	108/109	106/107
113, 114	Rechenrätsel mit Murmeln	110/111	108/109
115, 116	Kennst du die Uhr?	112/113	110/111**
117, 118	Türme bauen	114/115	112/113
119	Knobelelefanten	116/117	116/117
120	Rechendreiecke	118/119	118/119
121	Auf dem Planeten der Mathener	120/121	120/121
122, 123	Abschied von der 1. Klasse – Grundwissen ⑤	122/123	122/123
124	Hinweise auf das Download-Material		

* SB-Seiten 92/93 (BY) „Wahrscheinlich – unmöglich" s. Downloads; ** SB-Seite 111 (BY) „Zeitdauer" s. Download
Hinweis: Zu den SB-Seiten 114/115 (Ausgabe Bayern) gibt es keine Förderseiten. Die Inhalte dieser Seiten bitte handelnd mit den Kindern durchführen.

Im Zauberwald – Was kannst du schon?

SB S. 4

① Was siehst du? Erzähle.

② Zähle und schreibe auf.

Weitere Zählkarten s. Download KV 1 und KV 2.

Im Zauberwald – Was kannst du schon?

SB S. 5

① **Von welchen Dingen findest du …?**

| 2 | | 4 | |
| 5 | | 6 | |

Weitere Dinge finden und zählen. Strichlisten im Heft anfertigen.

W1

Zählen in der Schule

SB S. 6

① Sieh dir das Bild an und erzähle.

② Zähle.

- Wie viele Kinder sind auf dem Bild?

- Wie viele Mädchen sind es?

- Wie viele Kinder tragen eine Brille?

- Wie viele Kinder tragen eine blaue Hose?

Weitere Dinge im Klassenzimmer oder im Schulhaus zählen. S. auch Download KV 3 und 4.

Zählen in der Schule

① Zähle im Klassenzimmer. Erstelle Strichlisten.

Tom schreibt so auf:

Strichbildern Dinge im Schulhaus zuordnen und aufmalen. S. auch Download KV 3, 4 und 5.

Als Zahlendetektive unterwegs

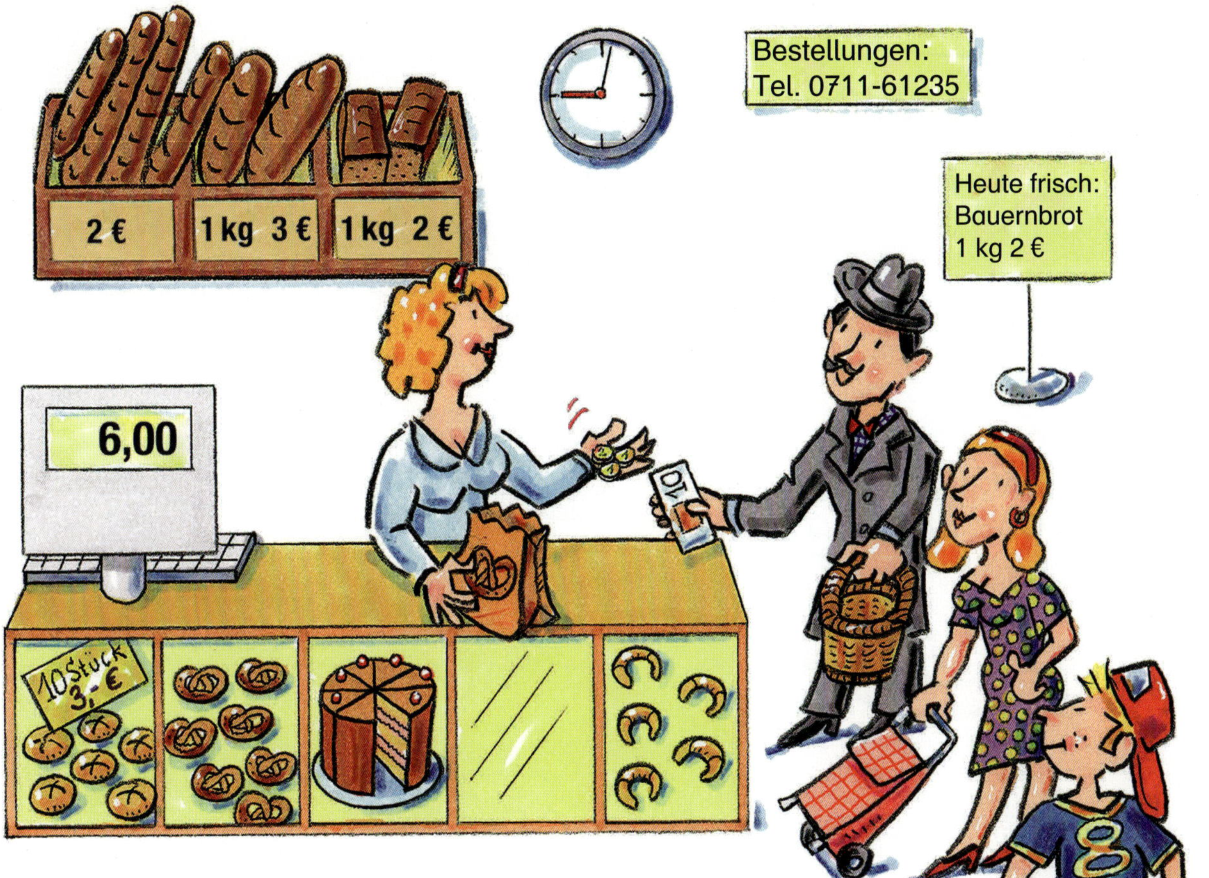

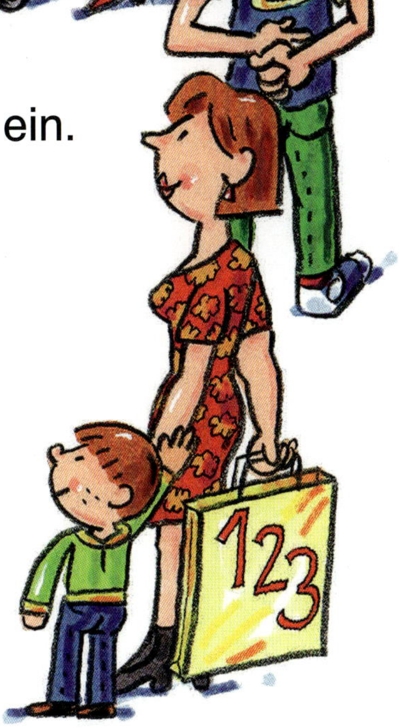

SB S. 8

1 Suche Zahlen im Bild und kreise sie bunt ein.

2 Welche Zahlen kennst du noch?

3 Spure nach.

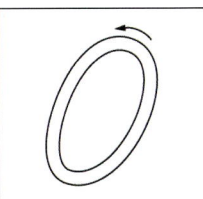

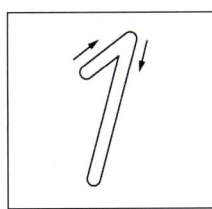

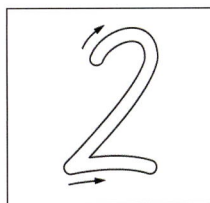

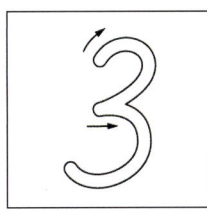

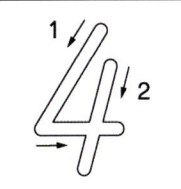

Weitere Ziffernschreibblätter s. AH 1, S. 6–7. Plakate mit ausgeschnittenen Zahlen gestalten.

Als Zahlendetektive unterwegs

① Was siehst du auf den Bildern? Erzähle.

② Kreise alle Zahlen bunt ein.

③ Male deinen nächsten Geburtstagskuchen.

④ Spure nach.

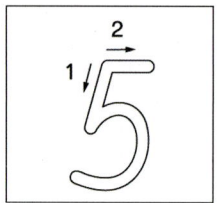 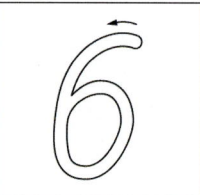 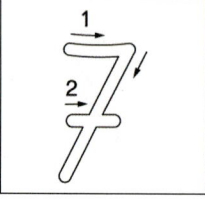 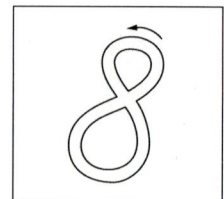 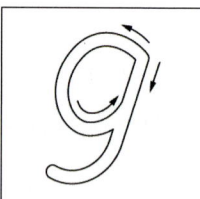

Schüttelschachteln

SB S. 10

1 Wie viele Kugeln sind auf jeder Seite? Schreibe auf.

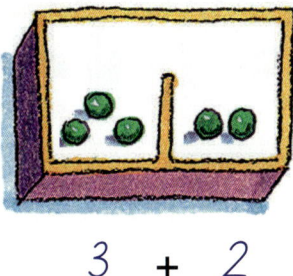

_3_ + _2_

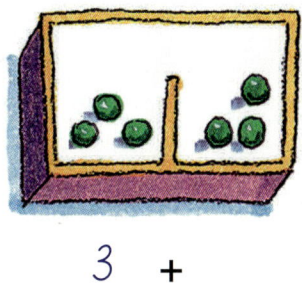

_3_ + ___

___ + ___

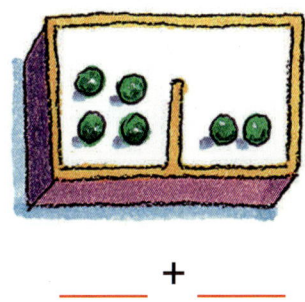

___ + ___

___ + ___

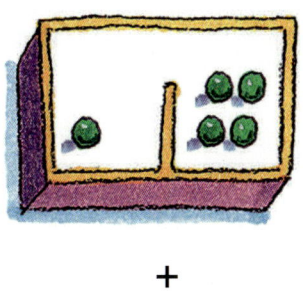

___ + ___

___ + ___

___ + ___

Weiter mit Schüttelschachteln arbeiten und Aufgaben notieren. Download KV 6 verwenden.

Schüttelschachteln

SB S. 11

1 Male und schreibe auf.

_2_ + _3_

___ + ___

_2_ + ___

___ + ___

___ + ___

___ + ___

___ + ___

___ + ___

Weitere Übungsideen zur Zahlzerlegung: Mit Wendeplättchen die Zerlegungen darstellen.
Fingerzahlen auf dem Tisch legen und einen Stift zwischen die Finger legen, um Zerlegungen zu zeigen.

W1 W2

Rechts oder links

SB S. 12

① Male an: linke Hand lila , rechte Hand rot .

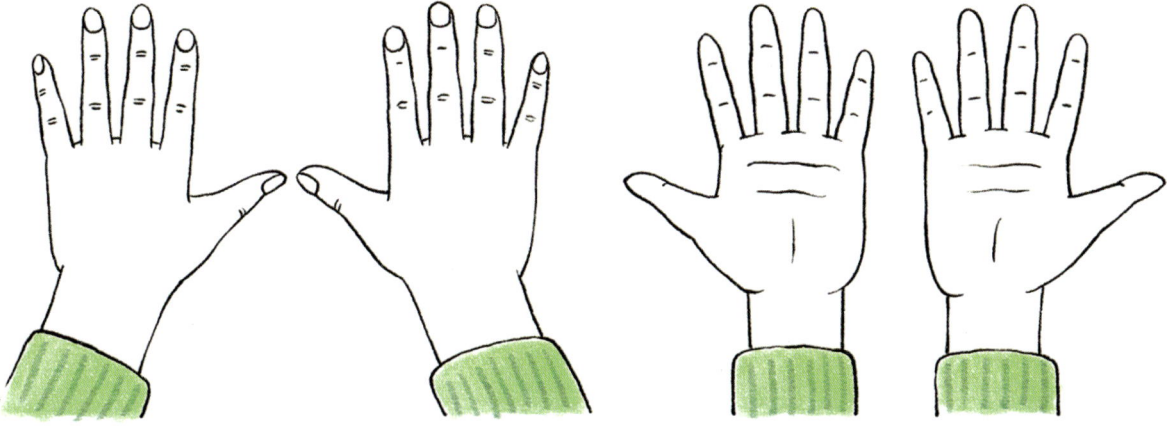

② Male an:

die rechte

den linken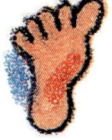

das rechte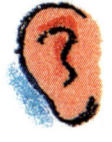

das linke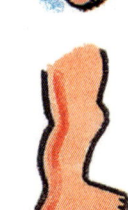

Eigene Hände auf Papier umfahren und in der entsprechenden Farbe anmalen.

Rechts oder links – über oder unter

SB S. 13

(1) Male und erzähle zu jedem Bild.

Was liegt über ...?

Was liegt unter ...?

Was liegt links von ...?

Was liegt rechts von ...?

Spielidee: In das Spielfeld auch reale Gegenstände mit Beschreibung legen.

Viele Schätze schnell gezählt

SB S. 14/15

① a) Wie viele sind es jeweils? Erzähle.
b) Kreise immer 5 Steine ein.

② Wie viele sind es?

5

Spielidee: Mit einem Partnerkind abwechselnd Anzahlen (Steine) legen, erkennen und beschreiben. Halli Galli spielen.

Finger schnell gezählt

SB S. 15

1 a) Wie viele Finger sind ausgestreckt?
b) Zeige die Zahlen mit deinen Fingern.

5

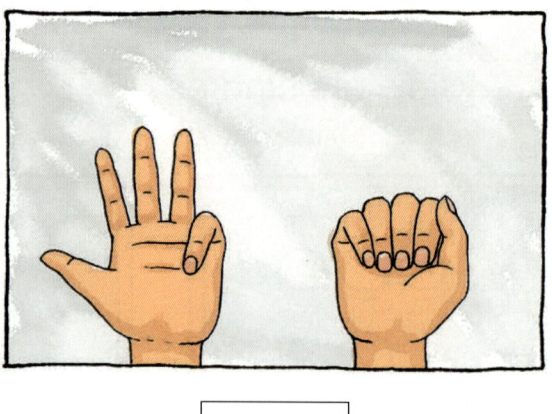

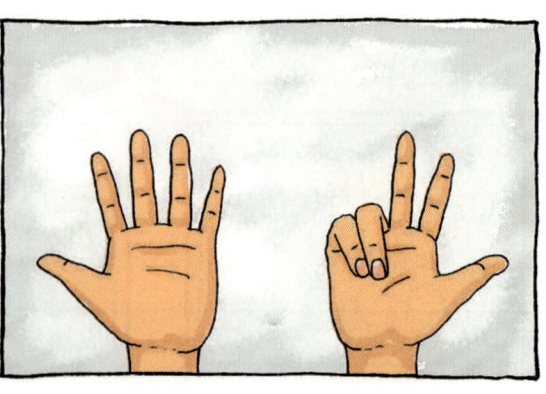

Spielidee: Mit einem Partnerkind Finger blitzen, ohne zu zählen erkennen und beschreiben.
Fingerbilder s. Download KV 7.

W1

Zahlen blitzschnell erkannt

SB S. 16

① a) Lege immer 5.
b) Lege immer 10.

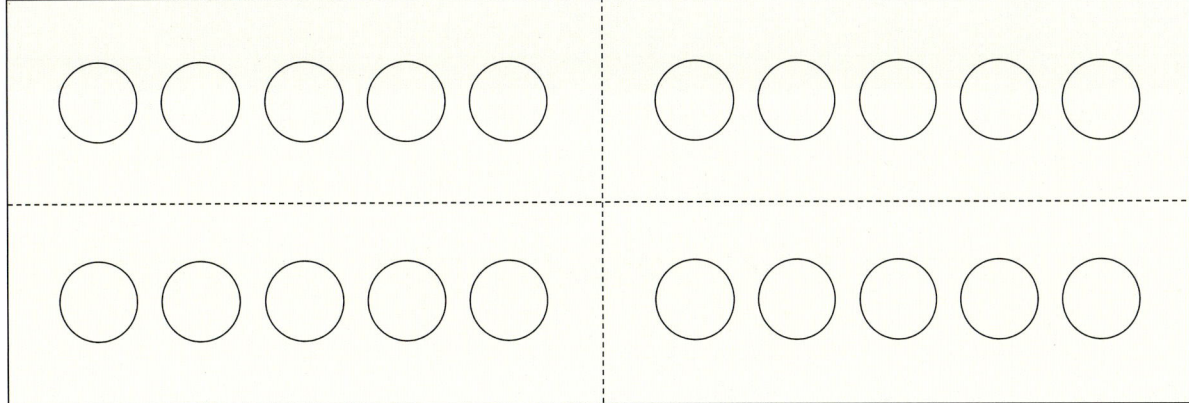

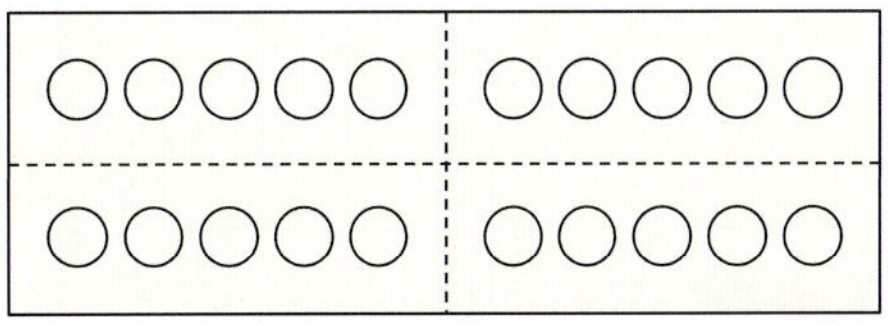

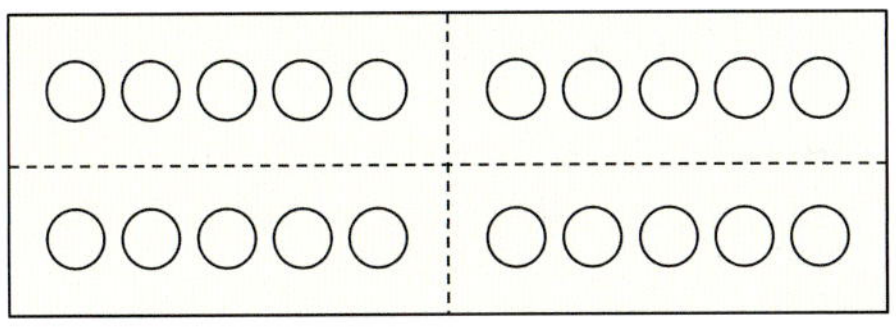

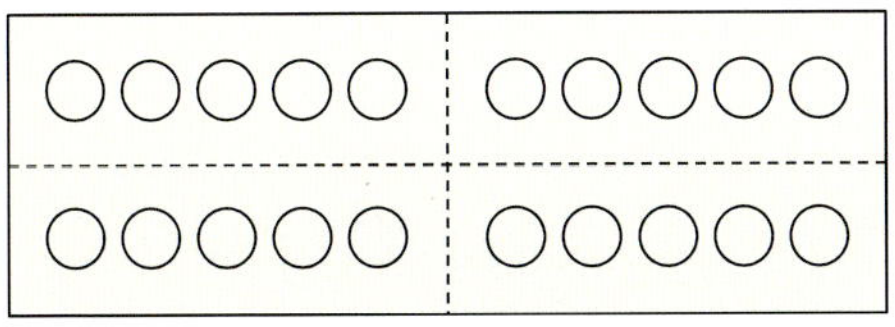

② Lege und male.

5

4

6

1

2

3

0

___

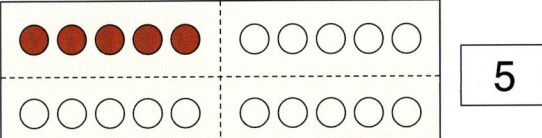

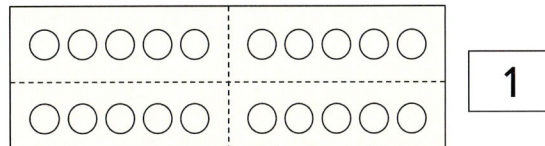

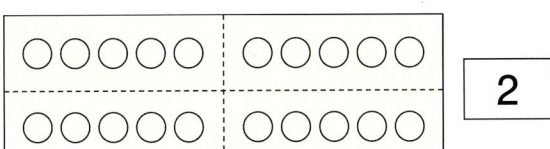

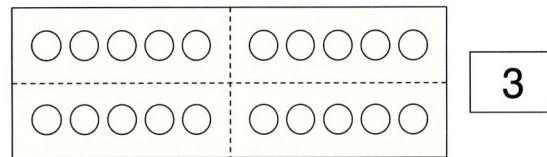

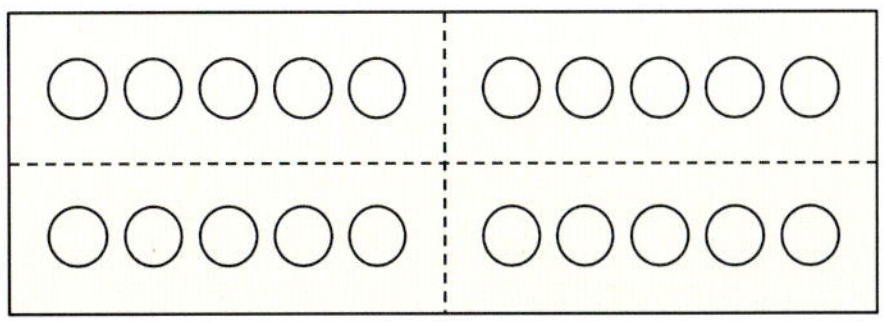

Spielidee: Anzahlen in Blanko-Zwanzigerfelder (s. Download KV 8) eintragen. Als Partner-Blitzübung verwenden und Memory spielen. Blitzlesekarten s. auch Download KV 9.

Zahlen blitzschnell erkannt

SB S. 17

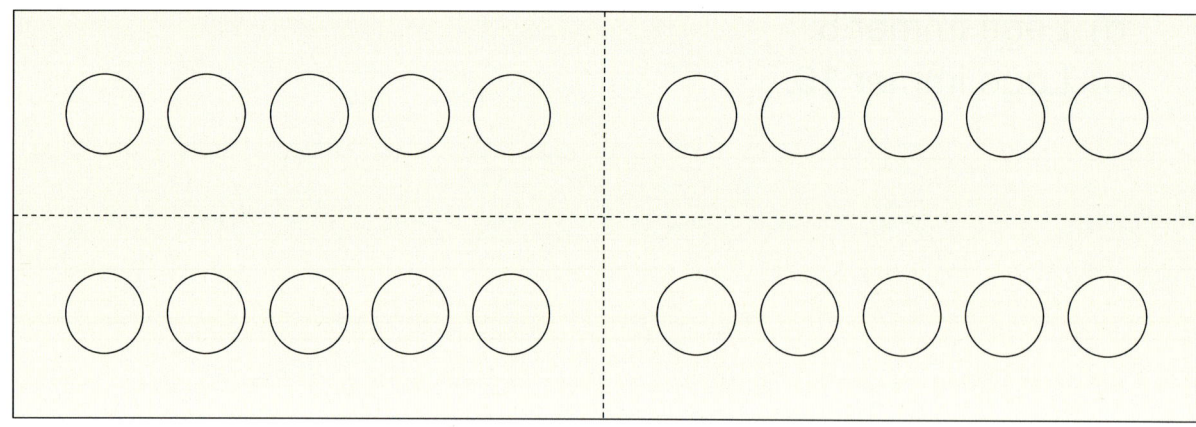

1 Wie viele Plättchen siehst du?

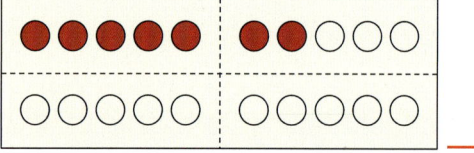 7

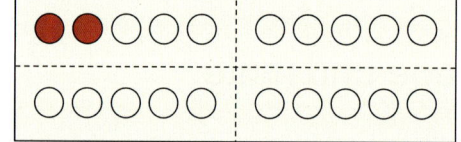

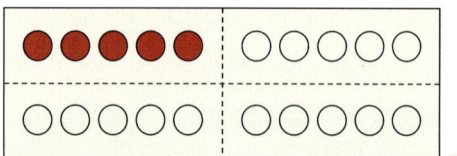

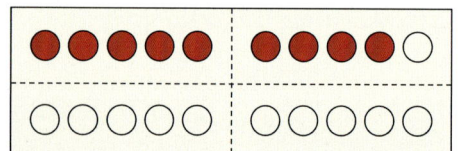

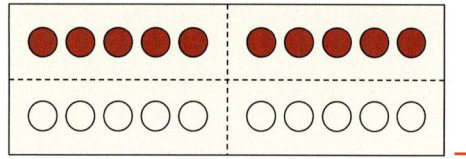

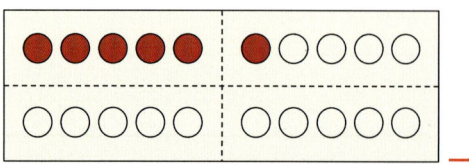

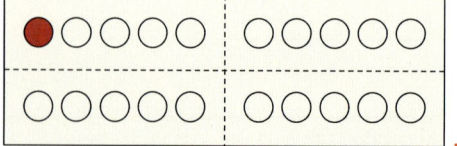

Je nach Leistungsstand auch mehr als 10 Plättchen in das Zwanzigerfeld legen.
Blitzleseübungen durch Abdecken der Felder durchführen.

Zahlen blitzschnell erkannt

1 Verbinde die Zwanzigerfelder mit den passenden Fingerbildern.

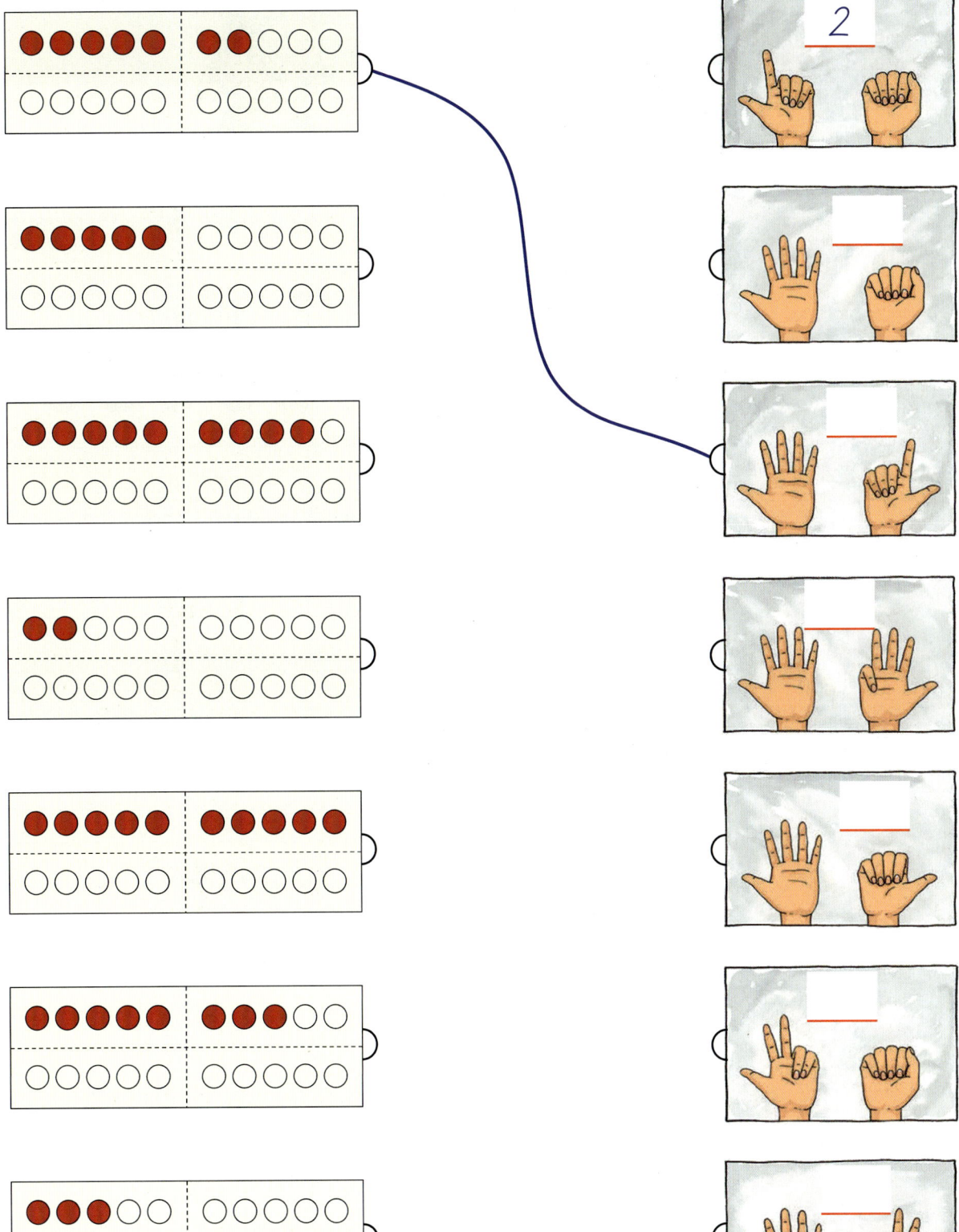

Blitzblickübungen: Finger gleichzeitig zeigen: „Wie viele fehlen zur Zehn?"
Zwanzigerfelder ab- und schnell aufdecken: „Wie viele fehlen zur Zehn?"

Immer 10

SB S. 18/19

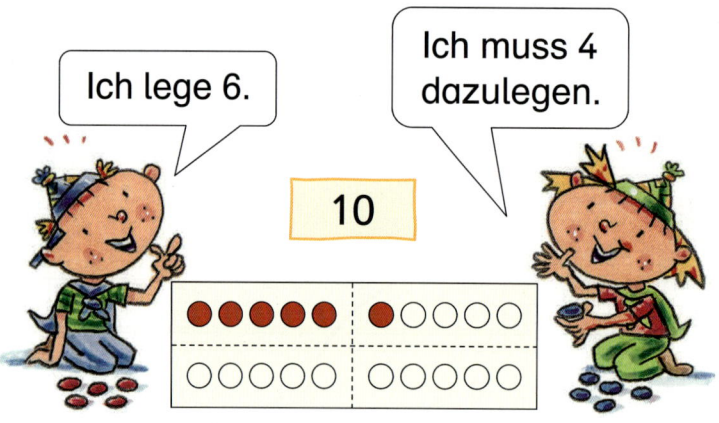

1 Immer 10. Male an.

10
6 + 4

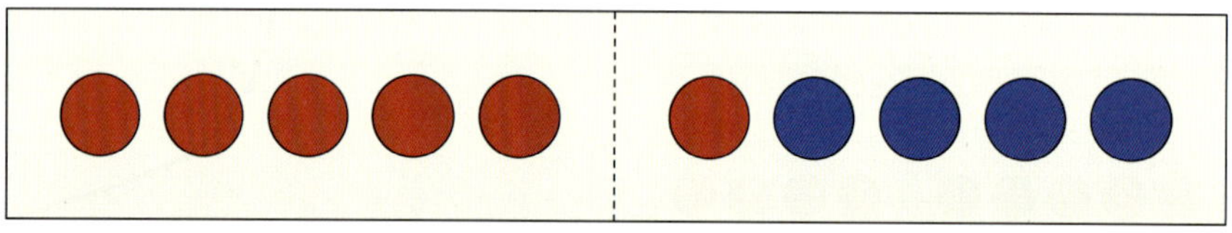

10
5 + 5

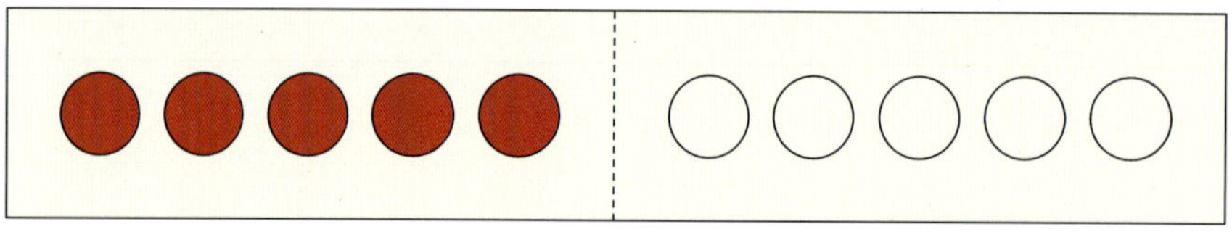

10
4 + 6

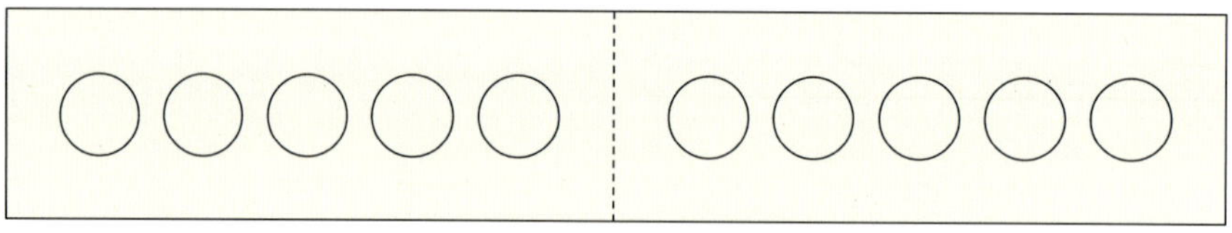

10
3 + 7

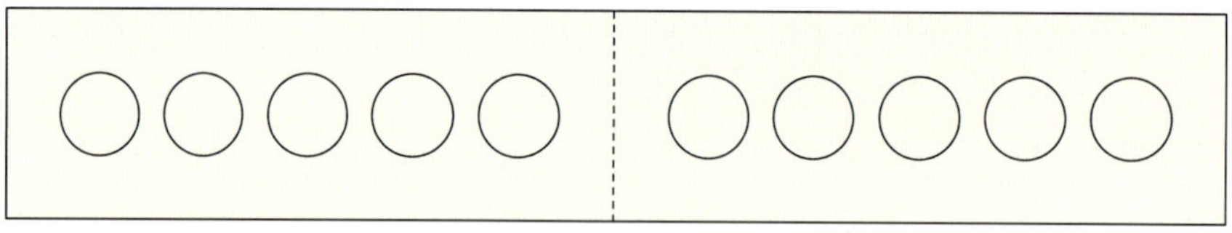

10
2 + 8

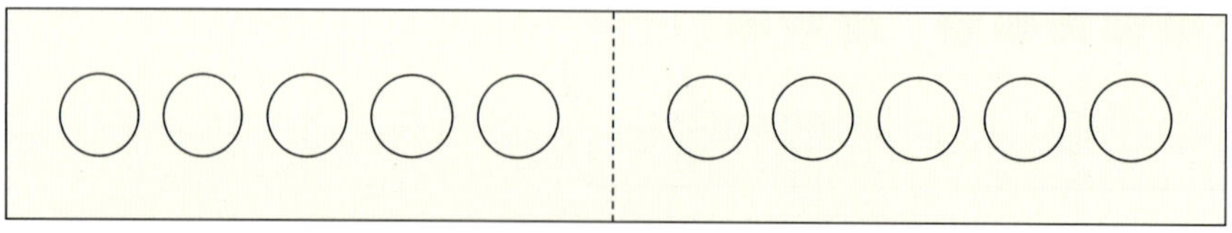

10
1 + 9

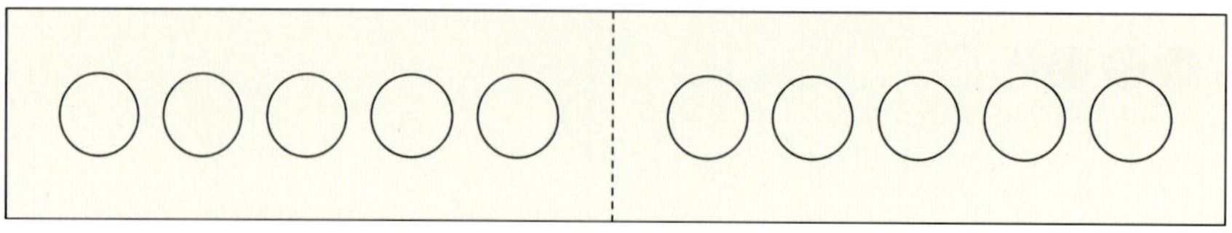

Spielidee: Plättchenanzahl in das Zwanzigerfeld legen. Das Partnerkind füllt mit der anderen Farbe bis zur Zehn auf. Handlungen beschreiben.

Wir vergleichen: größer – kleiner – gleich

SB S. 20

① Erzähle zum Bild.

② Setze die Zahlen ein und vergleiche.

4 < 5

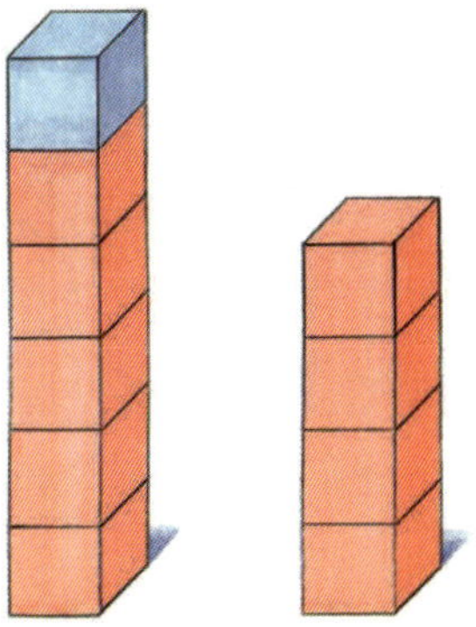

Spielidee: Turmhöhe raten: „Mein Turm ist kleiner als ein Turm mit 5."

Wir vergleichen: > < =

① Vergleiche die Türme.

② Baue Türme. Male und vergleiche: < > =

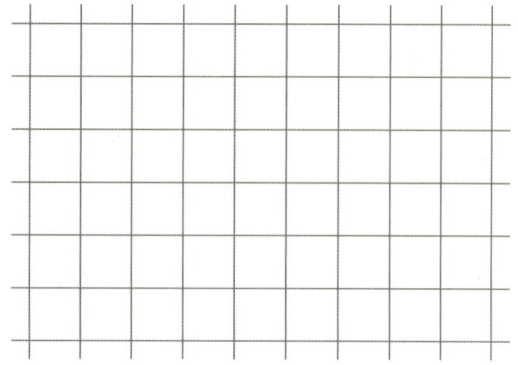

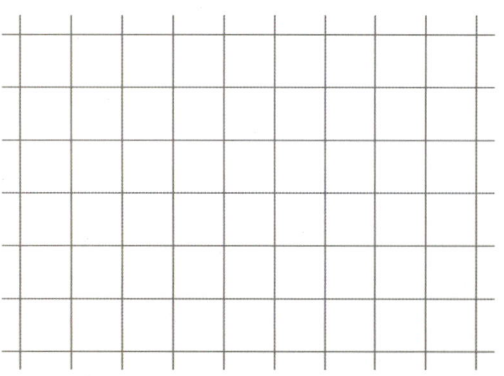

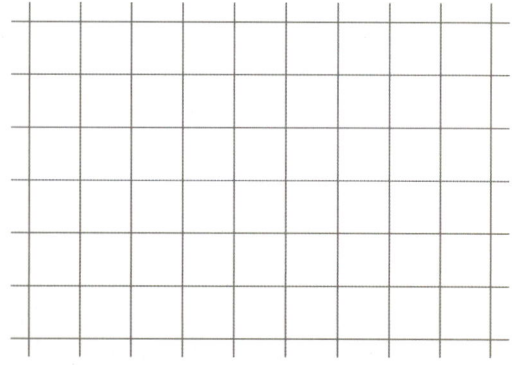

Spielidee: Verschieden große Türme bauen, vergleichen und ordnen.

Zahlen stechen

SB S. 22

(1) Welche Zahlenkarte passt zu welchem Turm? Verbinde.

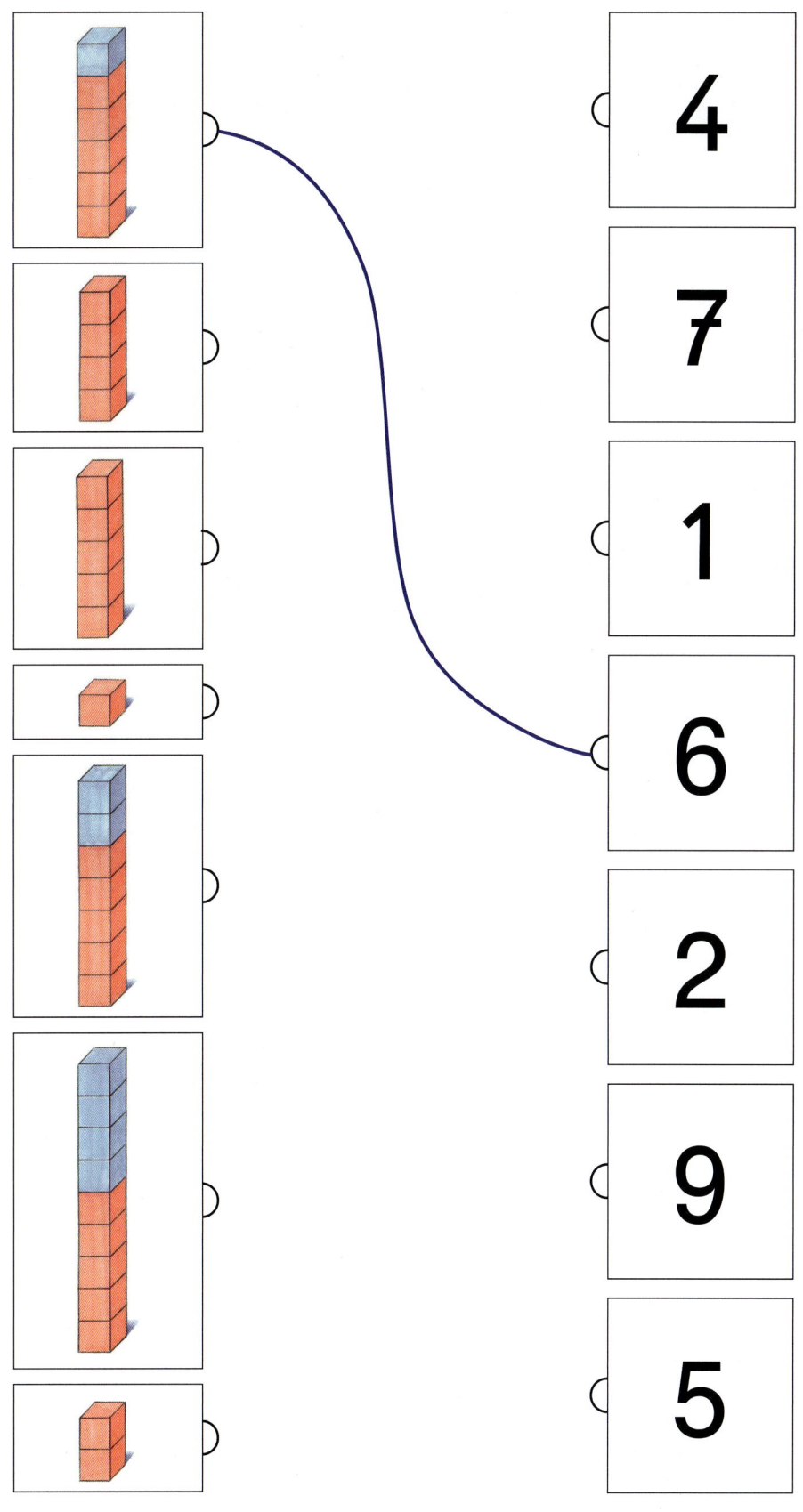

Spielidee: Zahlen stechen: Kärtchen werden gleichzeitig umgedreht, die größere Zahl gewinnt.
Zahlenkarten der Größe nach ordnen. Zahlenkarten und Rechenzeichen s. Download KV 10.

Zahlen stechen

SB S. 23

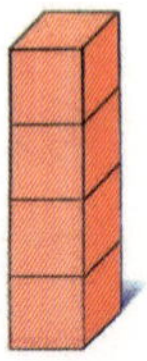

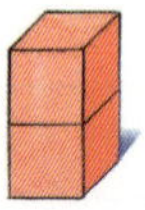

5 ist **größer** als 3.

① Male passende Türme.

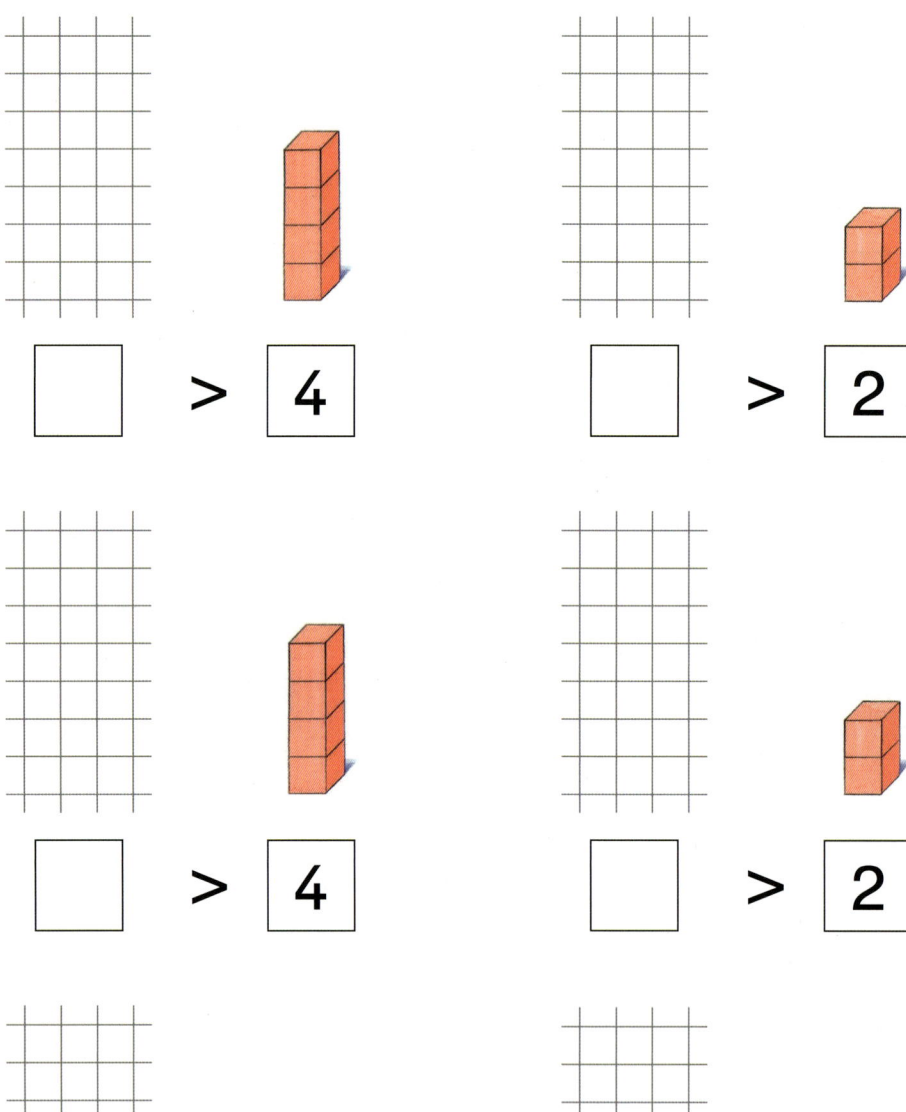

Türme malen und ausschneiden. Mit diesen Kärtchen „Zahlen stechen" spielen.
Ziffernkarten und Türme zuordnen, miteinander vergleichen, der Größe nach ordnen. Halli Galli spielen.

W1

Zahlen stechen

2 ist **kleiner** als 3.

2 < 3

① Male passende Türme.

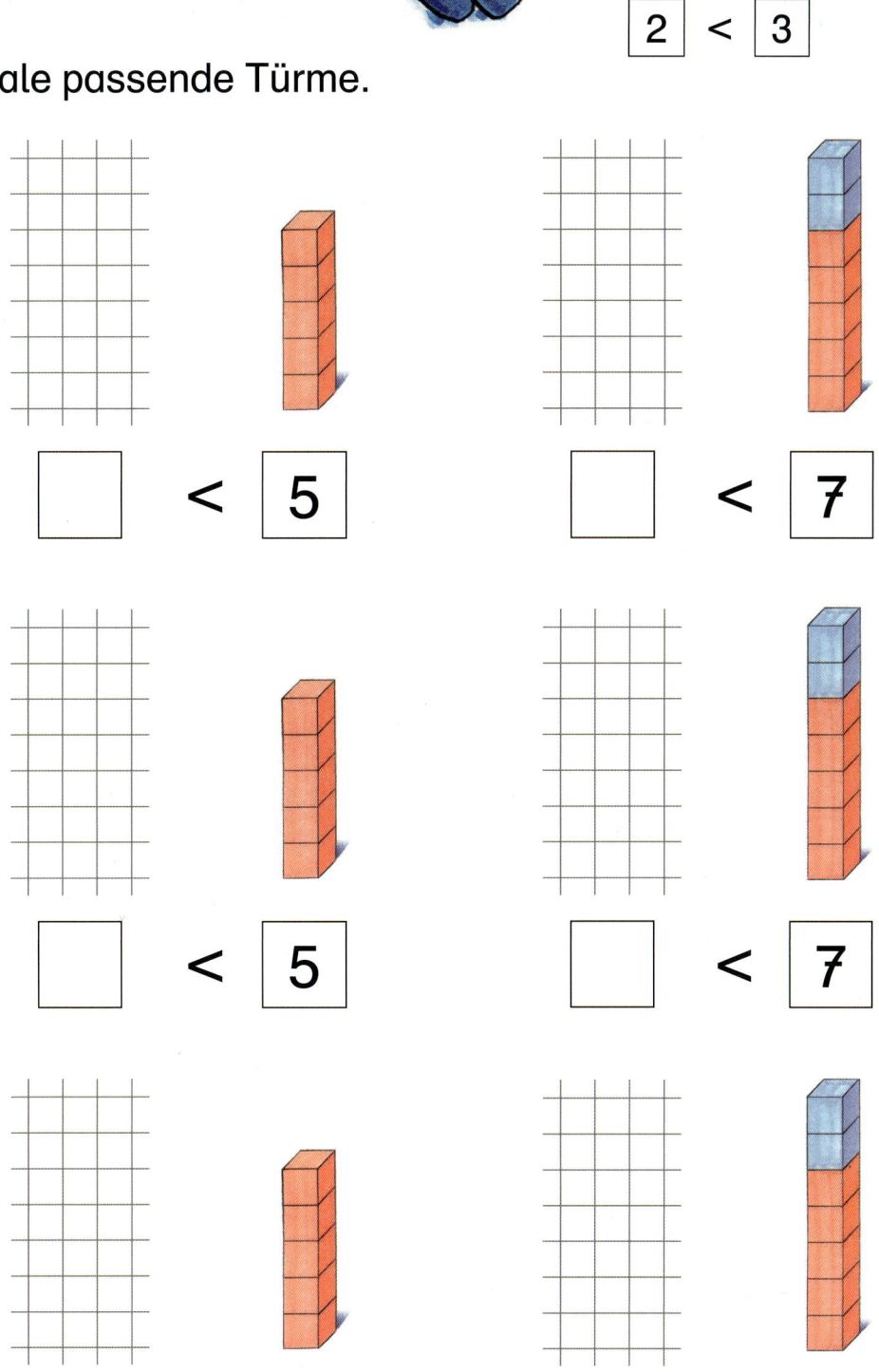

☐ < 5   ☐ < 7

☐ < 5   ☐ < 7

☐ < 5   ☐ < 7

Grundwissen 1

① Zahlen ⚡-schnell erkennen.

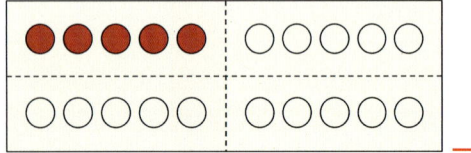 5

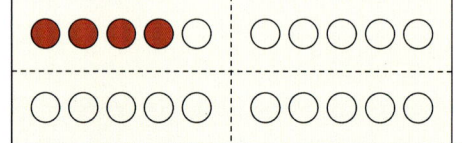 ___

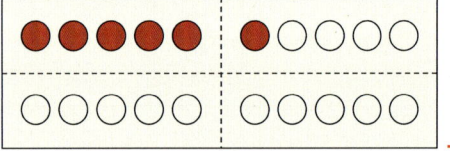 ___

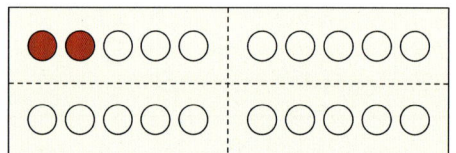 ___

② Immer 10. Wie viele Plättchen sind rot, wie viele sind blau?

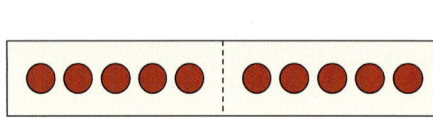 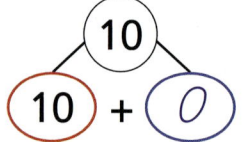 10 + 0

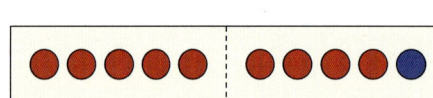 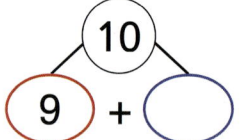 9 +

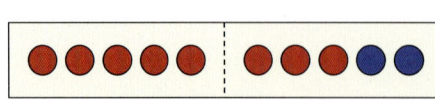 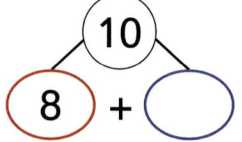 8 +

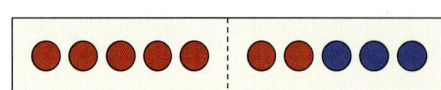 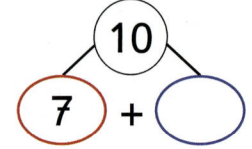 7 +

Grundwissen 1

SB S. 25

1 Setze Zahlen ein und vergleiche die Turmbilder: < > = .
Welcher Turm ist größer?

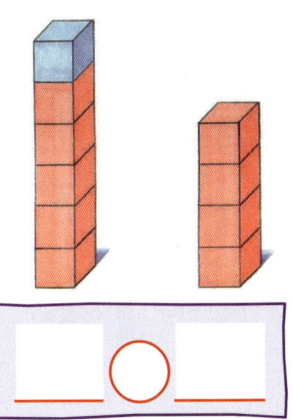
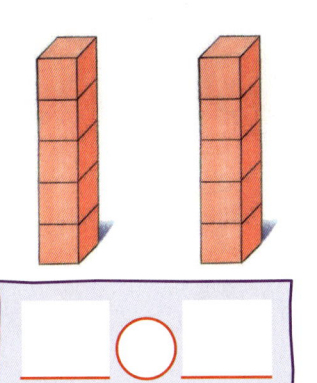
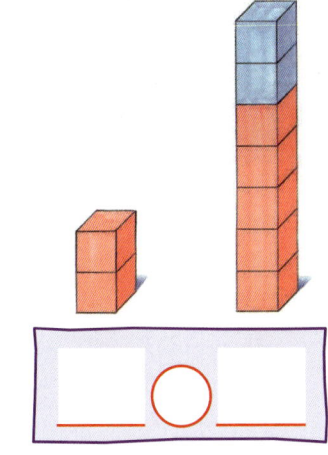

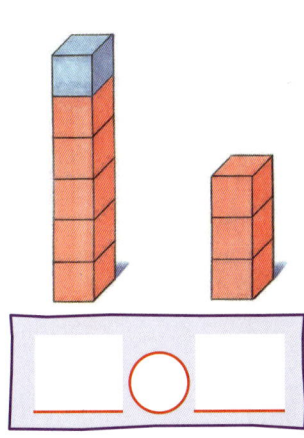
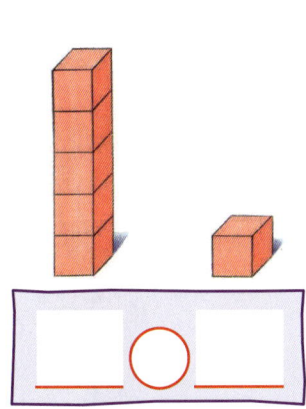

2 Blitzlesen mit Fingern.

a) Wie viele sind ausgestreckt?

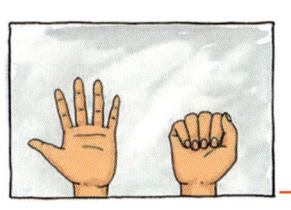
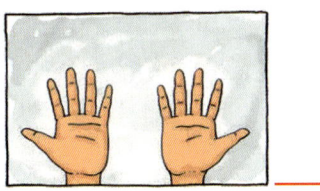

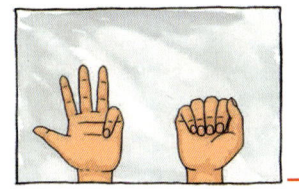
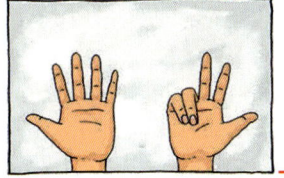
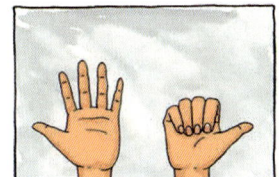

b) Zeige ⚡-schnell 9, 6, 5, 7, … Finger.

Inhalte mit Material vertiefen.

Schau genau – Linien und Figuren

SB S. 26 (AA)

① Welcher Drachen gehört zu welchem Kind? Verbinde.

② Welcher Igel frisst welchen Apfel? Färbe.

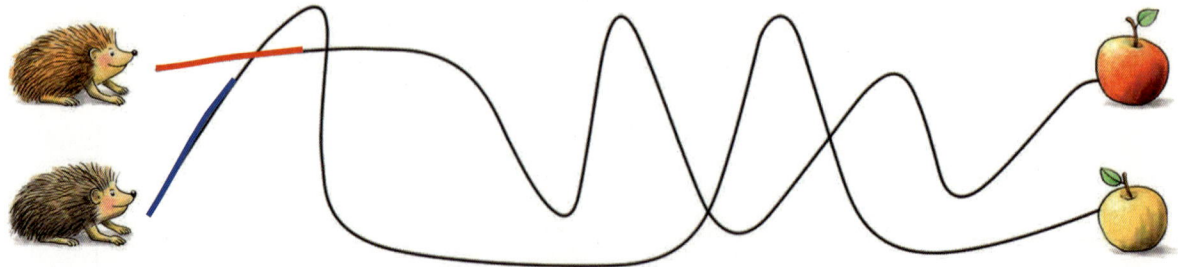

Weiteres Kind mit einem Drachen malen. Weiteren Igel malen.

Schau genau – Linien und Figuren

SB S. 27 (AA)

① Welche Früchte siehst du? Erzähle.

 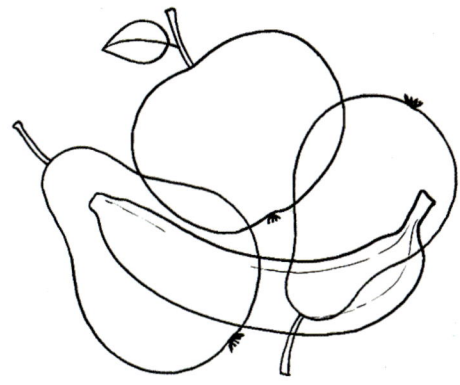

a) Male die Pflaumen an. b) Male die Birnen an.

② Wie viele Äpfel siehst du? Wie viele Bananen siehst du?

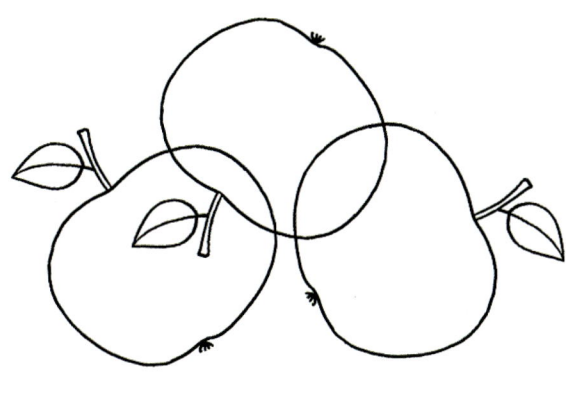 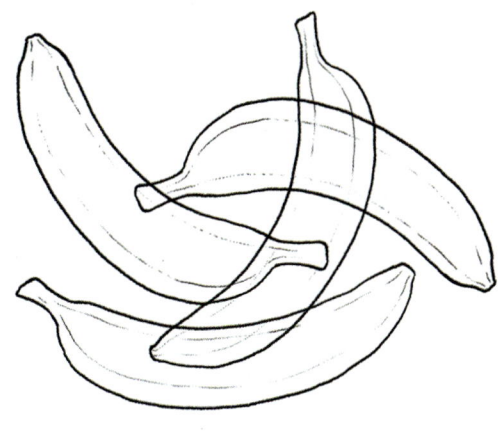

____ Äpfel ____ Bananen

③ Suche genau diese Figur  .
Male sie an.

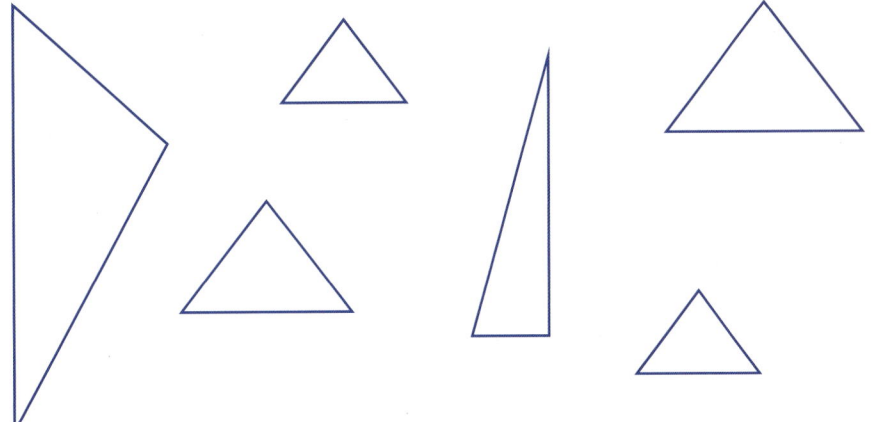

Weitere Dreiecke zeichnen.

Figuren und Muster legen

SB S. 28 (AA)/S. 26 (BY)

① Lege nach. Beschreibe.

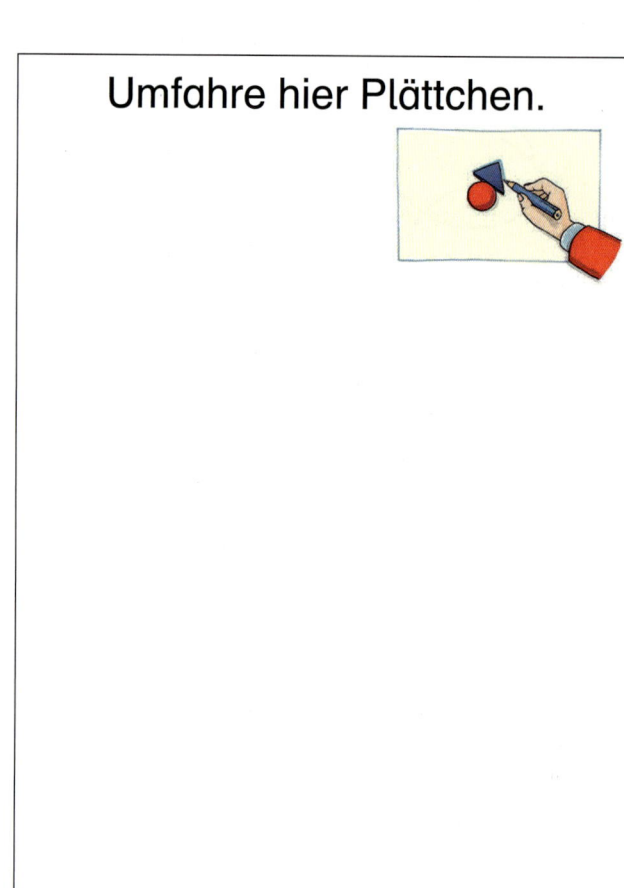

Umfahre hier Plättchen.

② Erfinde eigene Figuren und zeichne sie ins Heft.

③ Lege das Muster nach und setze es fort.

Figuren und Muster in Partnerarbeit nach Anweisungen legen (unter, über, rechts, links).

W2

Figuren und Muster legen

1 Lege die Figur mit ■ aus. Wie viele brauchst du? Schreibe auf.

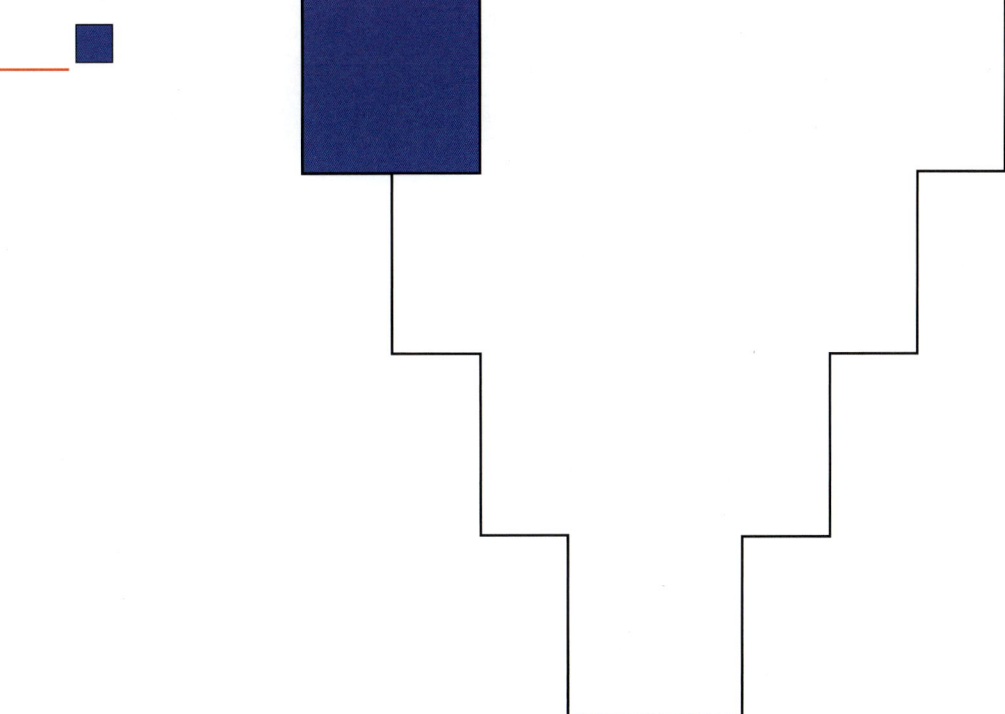

2 Lege die Figur mit ■ und ▲ aus. Wie viele brauchst du?

Weitere Figuren auslegen, nachlegen und beschreiben (Achtung: Vorgegebene Umrisszeichnungen müssen zur Größe der Formen passen!).

Dazulegen oder wegnehmen

SB S. 30 (AA)/S. 28 (BY)

① **Immer 5. Nimm weg.**

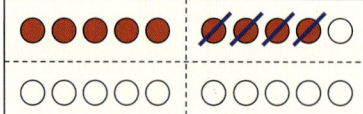 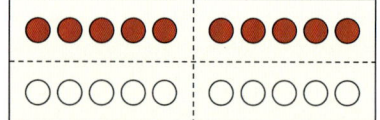

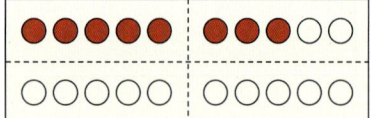 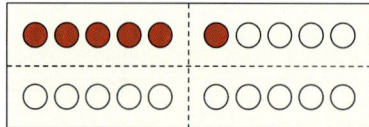 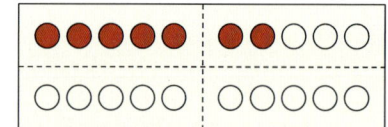

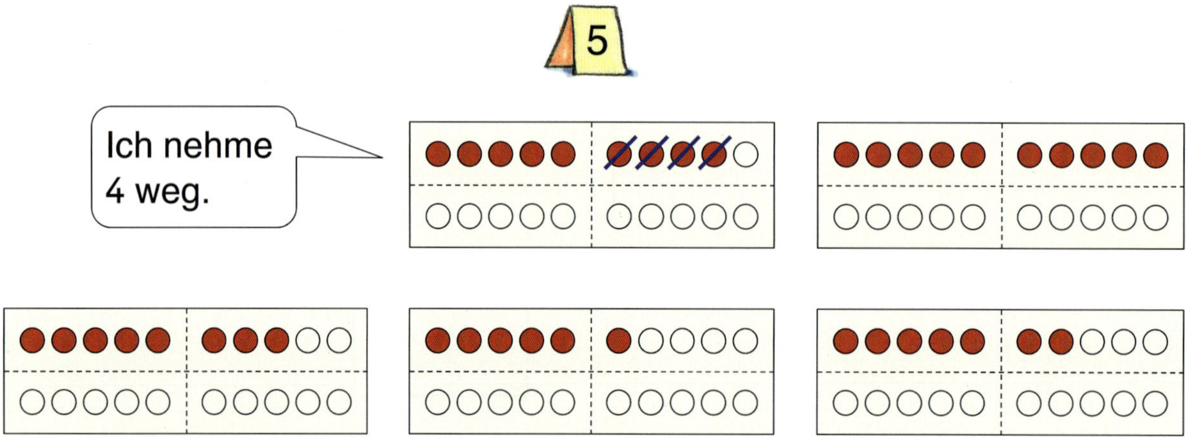

② **Immer 6. Nimm weg.**   ③ **Immer 7. Nimm weg.**

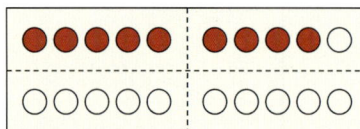   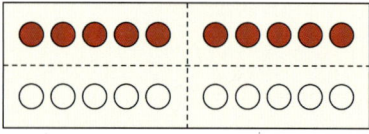

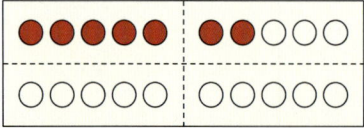   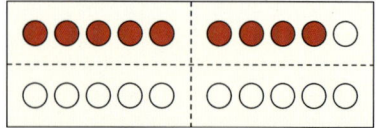

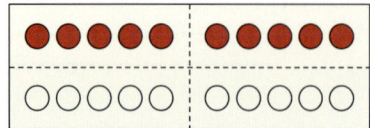

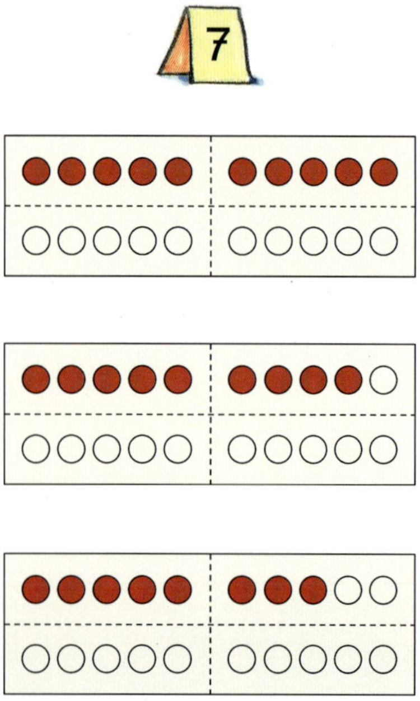

Weitere Wegnahme-Situationen mit dem Zwanzigerfeld nachspielen (Blanko-Zwanzigerfelder s. Download KV 8).

Dazulegen oder wegnehmen

SB S. 31 (AA)/S. 29 (BY)

① Immer 5. Lege dazu.

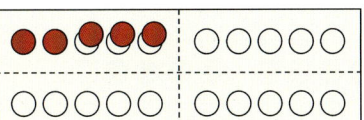

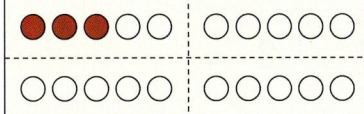

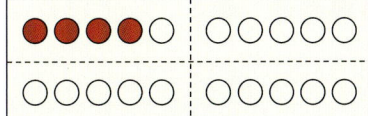

② Immer 6. Lege dazu.

③ Immer 7. Dazulegen oder wegnehmen?

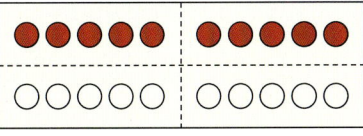

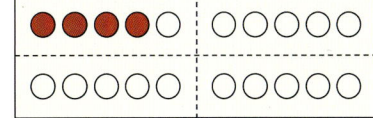

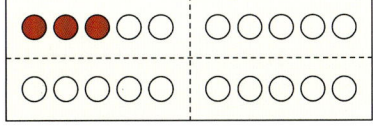

Weitere Weg- und Dazulege-Situationen mit dem Zwanzigerfeld nachspielen (Blanko-Zwanzigerfelder s. Download KV 8).

Plusrechnen

SB S. 32 (AA)/S. 30 (BY)

① Lege Plusaufgaben. Schreibe auf.

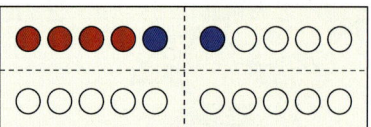

Ich kontrolliere mit Plättchen.

4 + 2 = ___

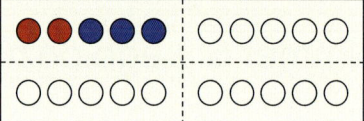 

2 + 3 = ___   5 + 1 = ___

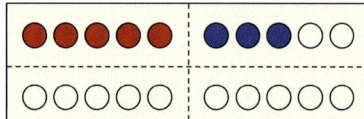 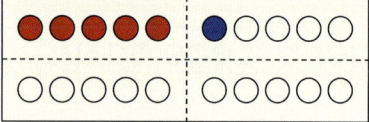

5 + 3 = ___   7 + 2 = ___

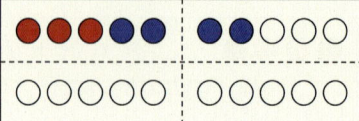 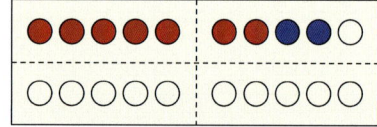

___ + ___ = ___   ___ + ___ = ___

② Zeichne und rechne.

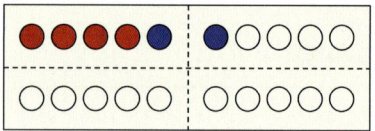

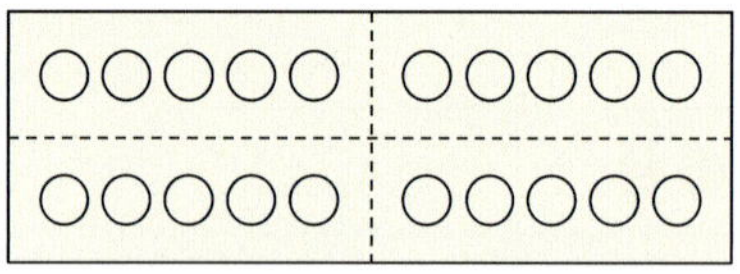

5 + 3 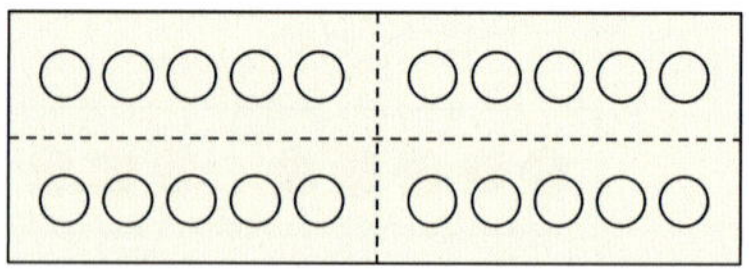 = ___   5 + 4 = ___

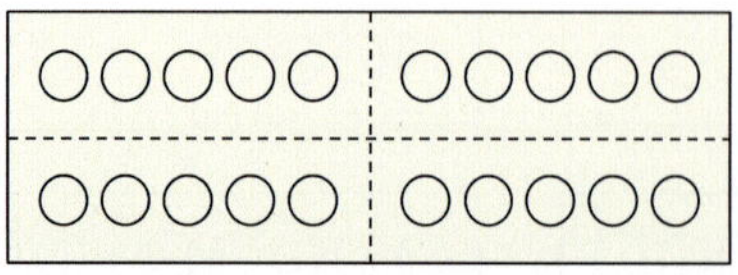

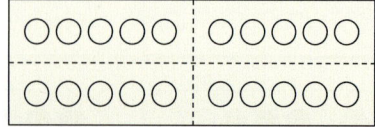

3 + 2 = ___   ___ + ___ = ___

Aufgaben im Zwanzigerfeld nachlegen. Kärtchen mit Plusaufgaben s. Download KV 11 und 12.
Weitere Plusaufgaben am Zwanzigerfeld s. Download KV 13, 14 und 15.

Plus- und Minusrechnen

① Lege Minusaufgaben. Schreibe auf.

7 − 3 = _4_   6 − 2 = ___

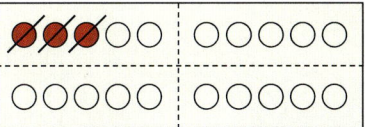   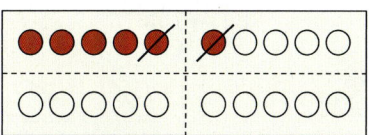

7 − 4 = ___   5 − 3 = ___

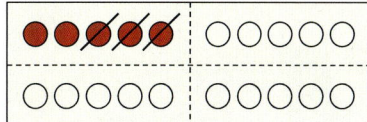

3 − 3 = ___   6 − 5 = ___

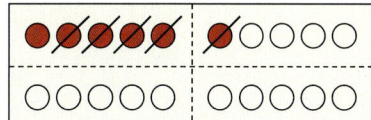

7 − 2 = ___   6 − 4 = ___

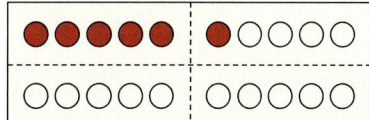

② Plus oder Minus? Zeichne und rechne.

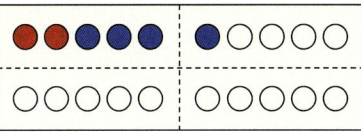

2 _+ 4_ = 6   4 _____ = 3

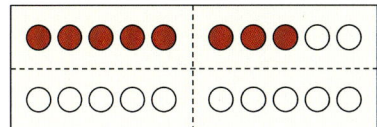   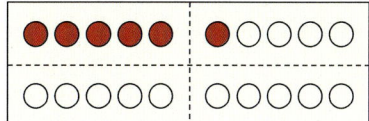

8 _____ = 3   6 _____ = 9

Auf dem Weihnachtsmarkt

SB S. 34 (AA)/S. 40 (BY)

① Erzähle und schreibe Rechnungen.

Von Erfahrungen aus eigenen Weihnachtsmarktbesuchen berichten. Situationen des Bildes nachspielen. Rechengeschichten dazu formulieren.

Auf dem Weihnachtsmarkt

SB S. 35 (AA)/S. 41 (BY)

① Erzähle und schreibe Rechnungen.

Würfeln

SB S. 36 (AA)/S. 32 (BY)

① Wer gewinnt? Male an.

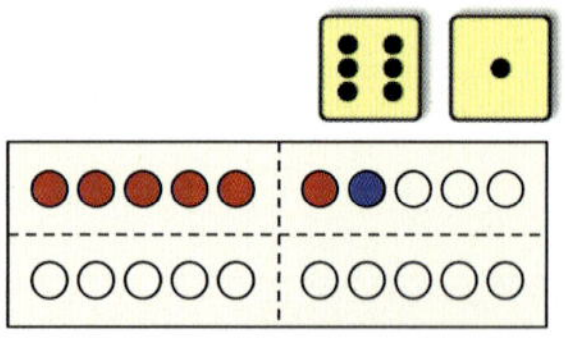

6 + 1 = 7 ✓	3 + 2 = 5
5 + 1 = 6	5 + 2 = 7
4 + 4 = 8	1 + 5 = 6
__ + __ = __	__ + __ = __

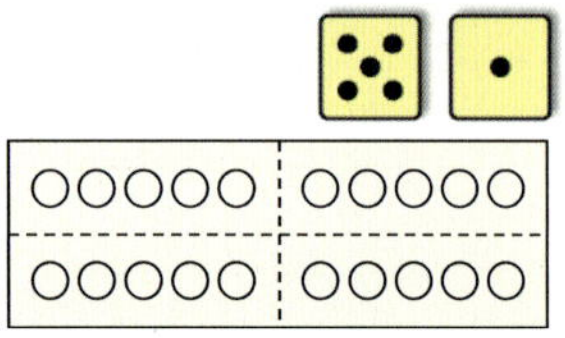

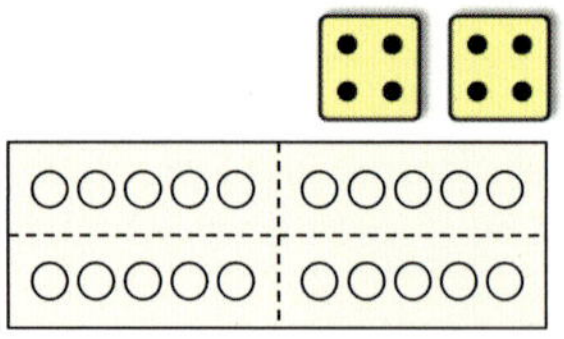

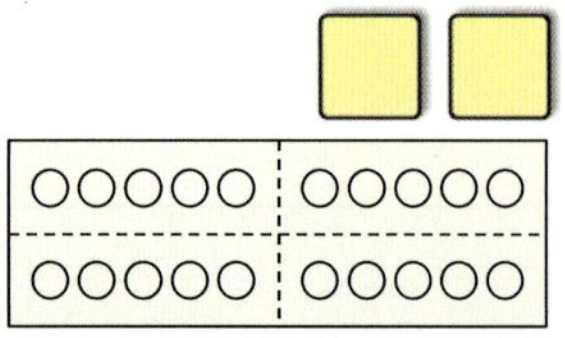

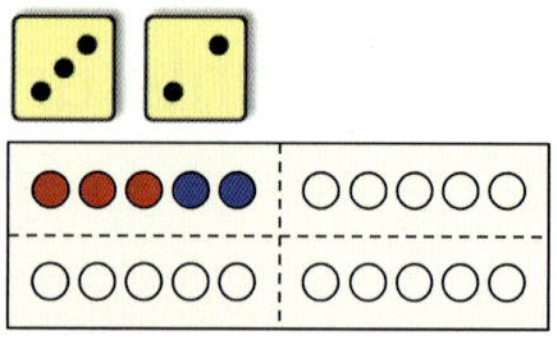

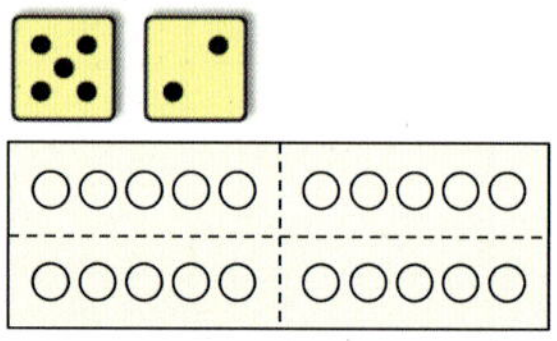

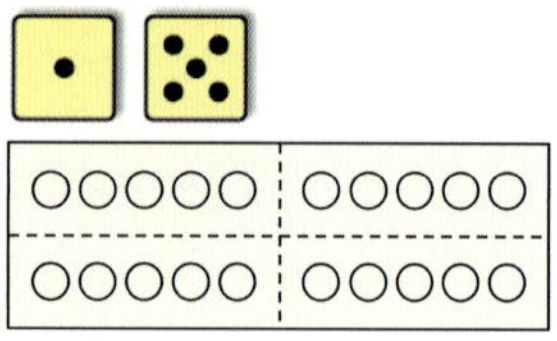

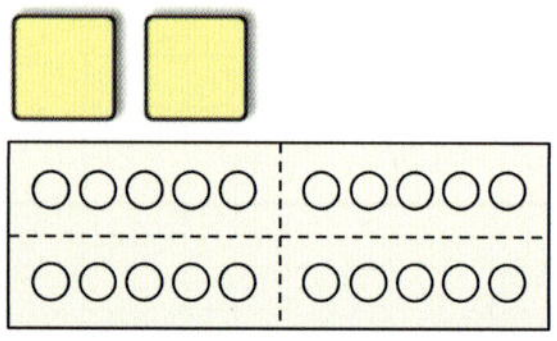

Gemeinsam mit einem Partnerkind würfeln.

W1

Tauschaufgaben

SB S. 37 (AA)/S. 33 (BY)

"Was stimmt denn nun?"

2 + 6

6 + 2

① **Aufgabe und Tauschaufgabe**

5 + 1 = 6   ___ + ___ = ___   ___ + ___ = ___

1 + 5 = 6   ___ + ___ = ___   ___ + ___ = ___

② **Aufgabe und Tauschaufgabe**

1 + 6 = ___
6 + 1 = ___

2 + 6 = ___
___ + ___ = ___

1 + 4 = ___
___ + ___ = ___

3 + 5 = ___
___ + ___ = ___

Würfeln, Aufgaben und passende Tauschaufgaben notieren.

W1

Minusaufgaben zaubern

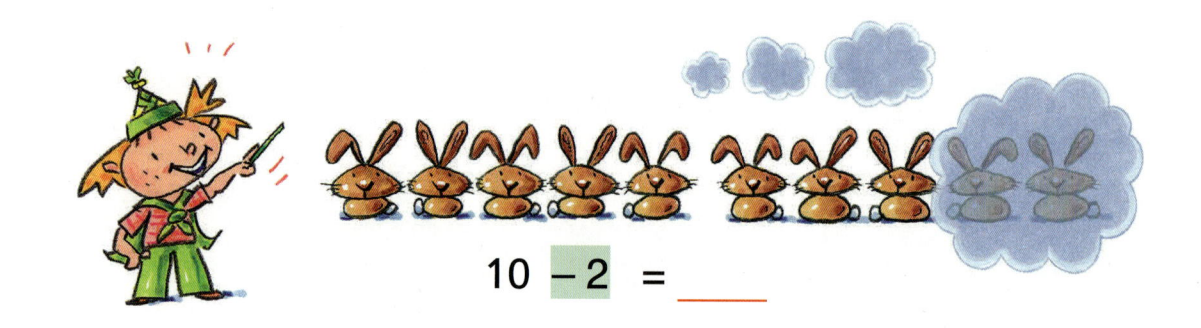

SB S. 38 (AA)/S. 34 (BY)

10 − 2 = ___

1 Zaubere weitere Minusaufgaben mit 10 Hasen.
Schreibe sie auf.

10 − 4 = 6

_____

_____

_____

2 Zaubere Minusaufgaben mit 8 Hasen.

8 − 3 = ___   8 − 5 = ___

8 − 4 = ___   8 − 8 = ___

8 − 1 = ___   8 − ___ = ___

Hasenleisten als Material mit einer Folie verwenden, um weitere Minusaufgaben zu zaubern.

Umkehraufgaben zaubern

SB S. 39 (AA)/S. 35 (BY)

... weg.

Das ist die Umkehraufgabe.

... dazu.

10 − 3 = 7   7 + 3 = 10

① Zaubere weg und wieder dazu.

10 − ___ = 8   8 + ___ = 10

_____   _____

② Verbinde die Aufgabe mit der passenden Umkehraufgabe.

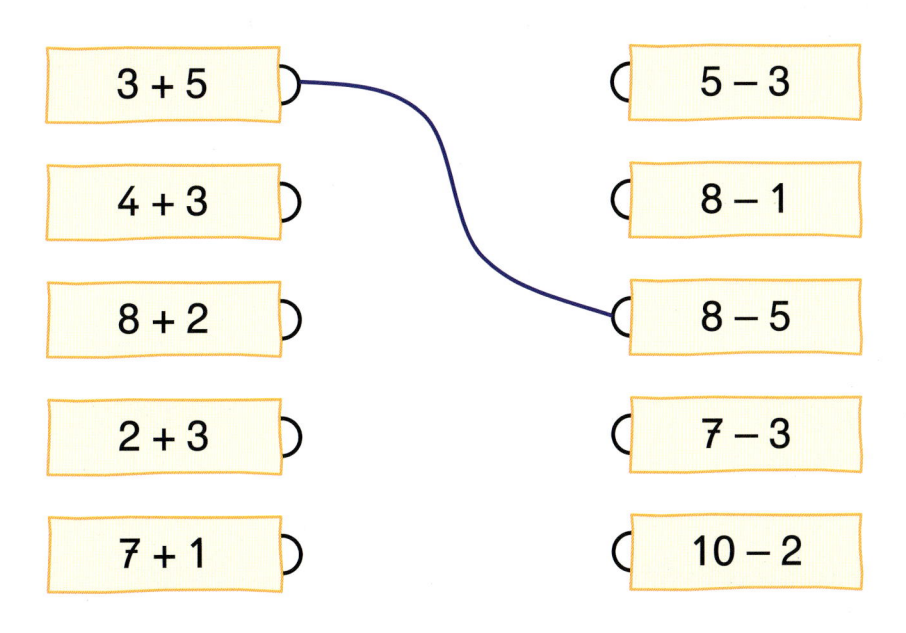

3 + 5	5 − 3
4 + 3	8 − 1
8 + 2	8 − 5
2 + 3	7 − 3
7 + 1	10 − 2

Weitere Umkehraufgaben mithilfe einer Hasenleiste und einer Folie zaubern.

Plusaufgaben bis 10 sammeln und ordnen SB S. 40 (AA)/S. 36 (BY)

① Schreibe Plusaufgaben zu den Ergebnissen.

Ergebnis 5 — 3 + 2

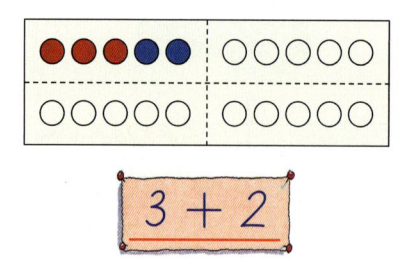

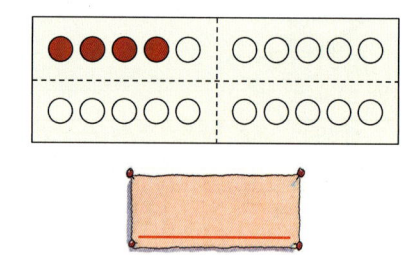

Ergebnis 6

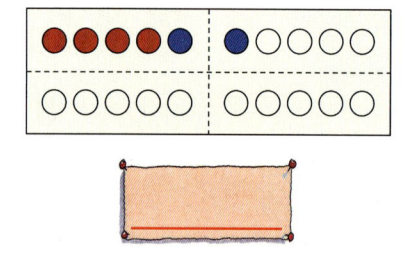

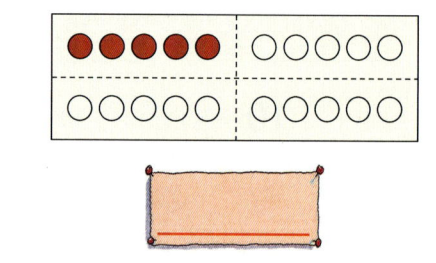

Ergebnis 7

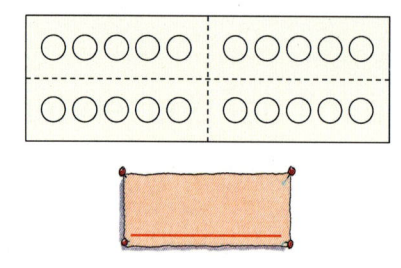

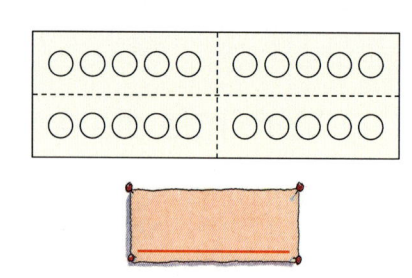

Ergebnis 8

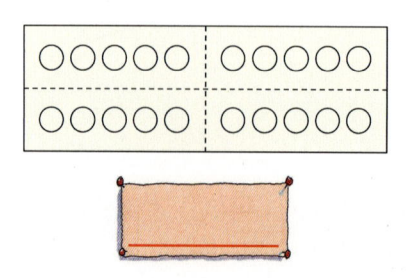

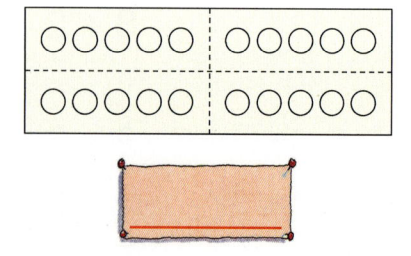

Aufgabenkarten (s. Download KV 11 und 12) verwenden und Ergebnissen zuordnen.
Aufgaben im Zwanzigerfeld nachlegen und aufmalen.

W1

Plusaufgaben bis 10 schnell im Kopf

SB S. 41 (AA)/S. 37 (BY)

① Schnell im Kopf: das Doppelte

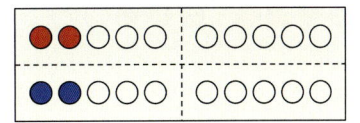

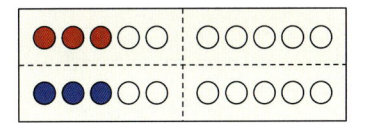

1 + 1 = ____

2 + 2 = ____

3 + 3 = ____

4 + 4 = ____

5 + 5 = ____

② Schnell im Kopf: Nachbaraufgaben

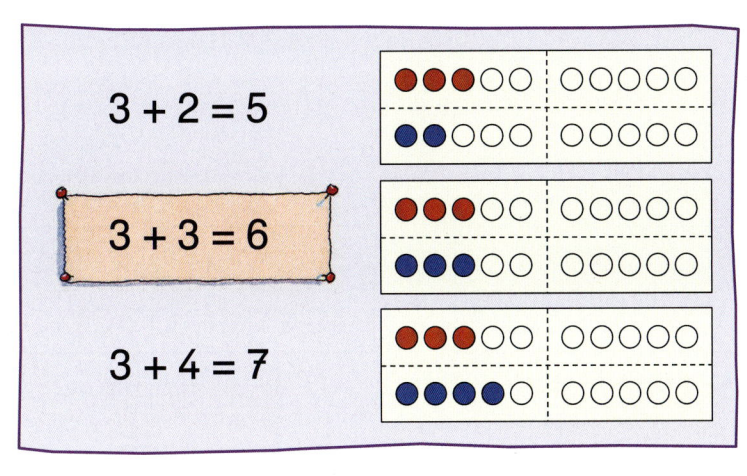

3 + 2 = 5

3 + 3 = 6

3 + 4 = 7

Schnell im Kopf: Verdoppeln und 1 mehr oder 1 weniger.

2 + 1 = ____

5 + 4 = ____

2 + 2 = ____

5 + 5 = ____

2 + 3 = ____

5 + 6 = ____

Zuordnungsspiel: Verdopplungs- und Nachbaraufgaben in Blanko-Zwanzigerfelder (s. Download KV 8) zeichnen. Kärtchen vermischen und zuordnen.

W1

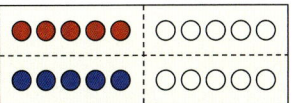

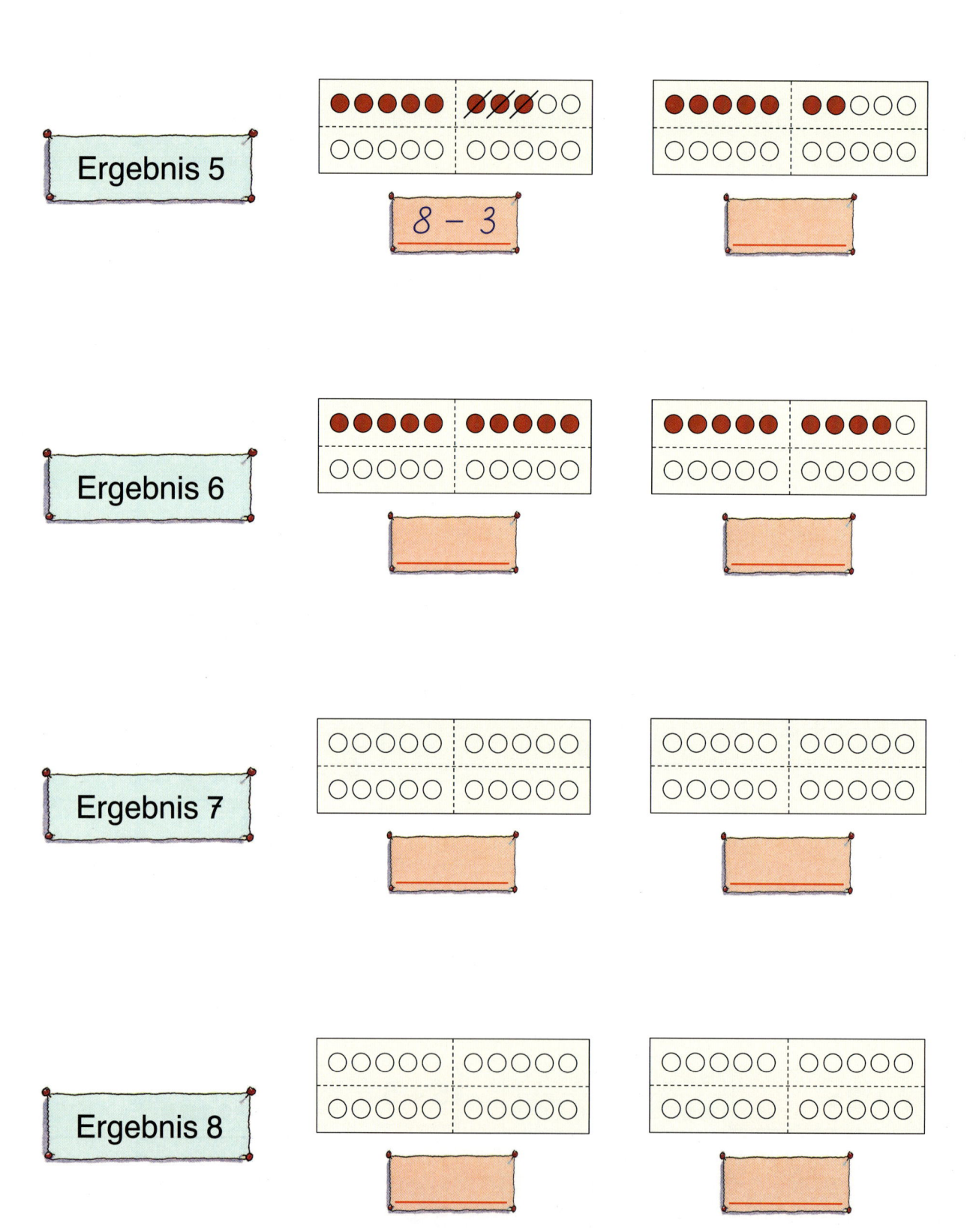

Minusaufgaben bis 10 sammeln und ordnen SB S. 42 (AA)/S. 38 (BY)

① Schreibe Minusaufgaben zu den Ergebnissen.

Ergebnis 5: 8 − 3

Ergebnis 6

Ergebnis 7

Ergebnis 8

Aufgabenkarten (s. Download KV 19 und 20) verwenden und Ergebnissen zuordnen.
Aufgaben im Zwanzigerfeld nachlegen und aufmalen.

W1

Minusaufgaben bis 10 schnell im Kopf

SB S. 43 (AA)/S. 39 (BY)

① Male und schreibe auf.

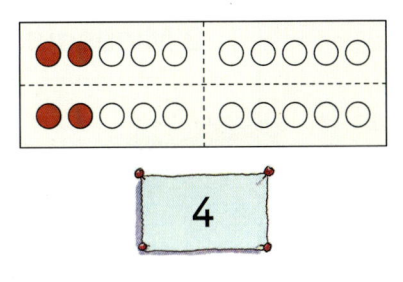

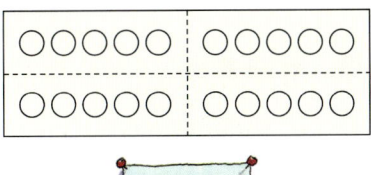

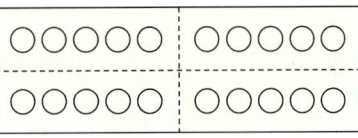

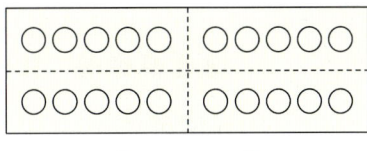

[4]

$\underline{2} + \underline{2} = \underline{4}$

$4 - 2 = \underline{}$

[2]

$\underline{1} + \underline{1} = \underline{2}$

$2 - 1 = \underline{}$

[10]

$\underline{5} + \underline{5} = \underline{}$

$10 - 5 = \underline{}$

[8]

$\underline{} + \underline{} = \underline{}$

$8 - 4 = \underline{}$

[6]

$\underline{} + \underline{} = \underline{}$

$6 - 3 = \underline{}$

② Schnell im Kopf: (−0) / (−1)

$10 - 0 = \underline{}$ $8 - 0 = \underline{}$ $5 - 0 = \underline{}$ $7 - 0 = \underline{}$

$10 - 1 = \underline{}$ $8 - 1 = \underline{}$ $5 - 1 = \underline{}$ $7 - 1 = \underline{}$

Verdopplungsaufgaben trainieren und automatisieren.

W1

Drei Zahlen – vier Aufgaben

S|B S. 44 (AA)/S. 42 (BY)

① Schreibe die Plus- und Minusaufgaben.

2 Plusaufgaben

2 Minusaufgaben

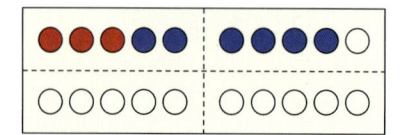

3 + 6 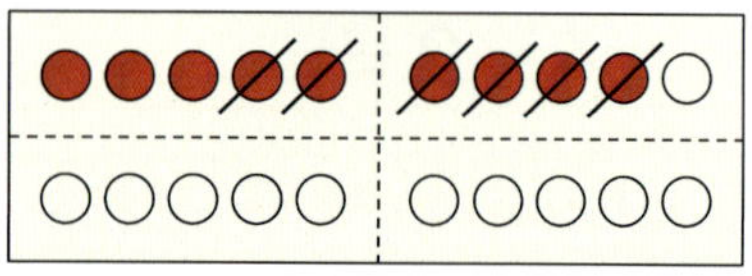 = ___   9 − 6 = ___

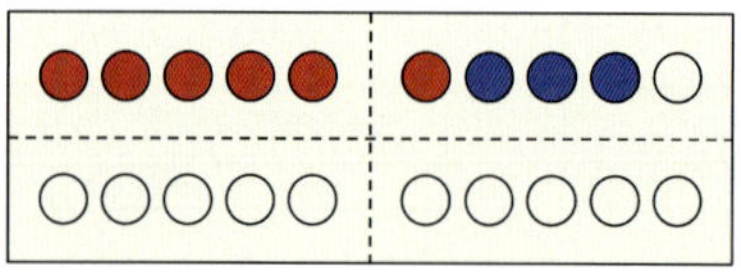

6 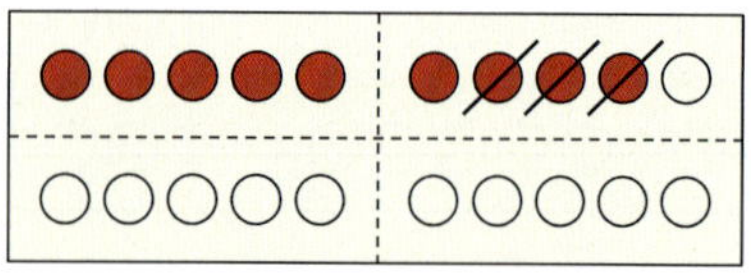 + ___ = ___   9 − ___ = ___

② Schreibe die Plus- und Minusaufgaben.

3   2   5

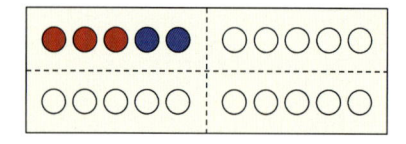

3 + 2 = 5 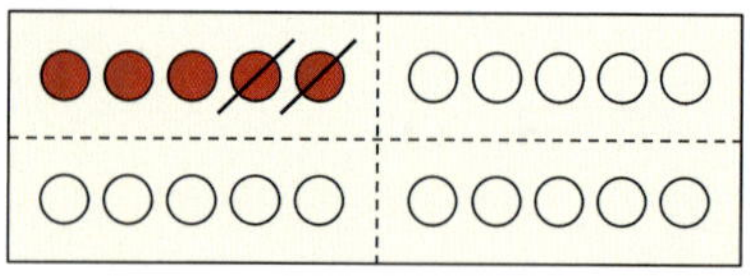   5 − 2 = ___

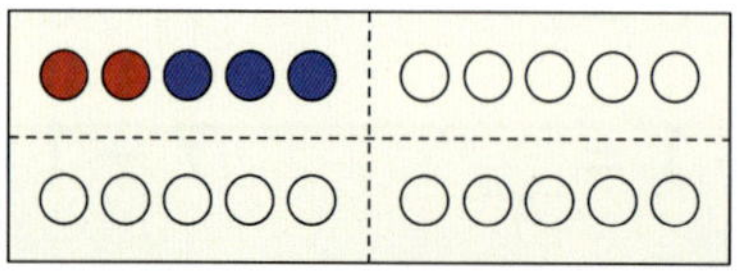

2 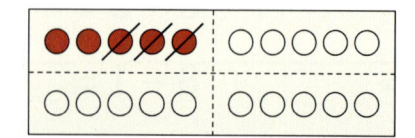 + ___ = ___   5 − ___ = ___

Zwei Zahlenkarten ziehen, eine Aufgabe in das Zwanzigerfeld legen. Die dritte Zahl durch Plus- oder Minusrechnen ermitteln und dann vier Aufgaben aufschreiben.

W1

Drei Zahlen – vier Aufgaben

SB S. 45 (AA)/S. 43 (BY)

(1) Schreibe die Plus- und Minusaufgaben.

6 4 10

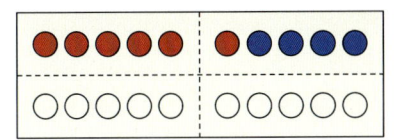

6 + 4 = *10* 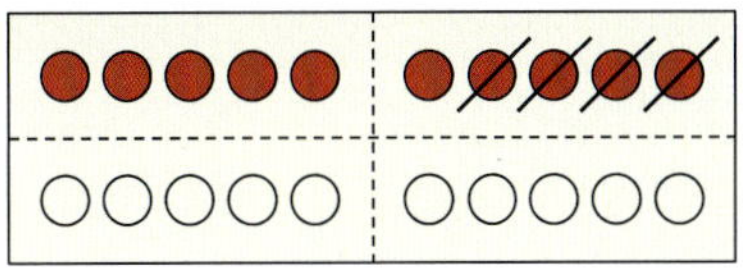   10 − 4 = ___

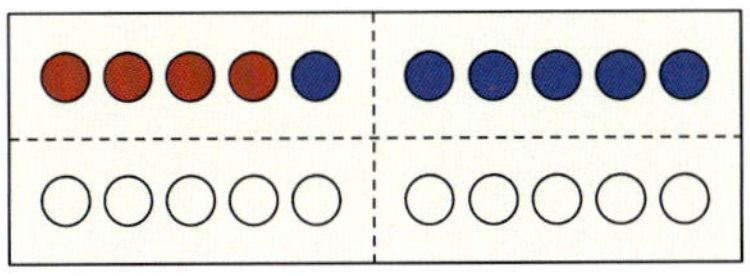

4 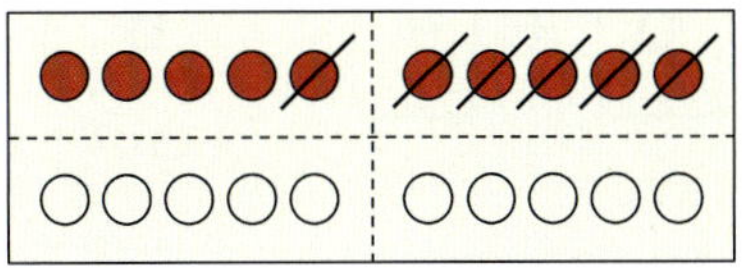 + ___ = ___   10 − ___ = ___

(2) Schreibe die Plus- und Minusaufgaben.

4 9 5

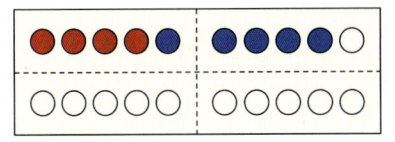

4 + 5 = *9* 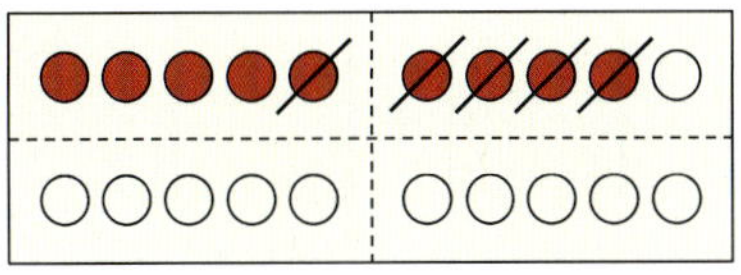   9 − 5 = ___

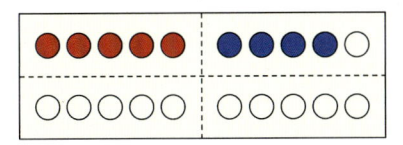

5 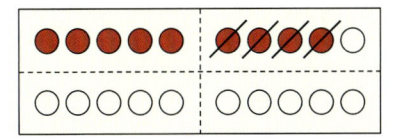 + ___ = ___   9 − ___ = ___

Zwei Zahlenkarten ziehen, eine Aufgabe ins Zwanzigerfeld legen. Die dritte Zahl durch Plus- oder Minusrechnen ermitteln und dann vier Aufgaben aufschreiben.

W1 45

Rechnen mit Ziffernkarten

SB S. 46 (AA)/S. 44 (BY)

Zielzahl 10

Wähle zwei Ziffernkarten mit der Zielzahl 10.

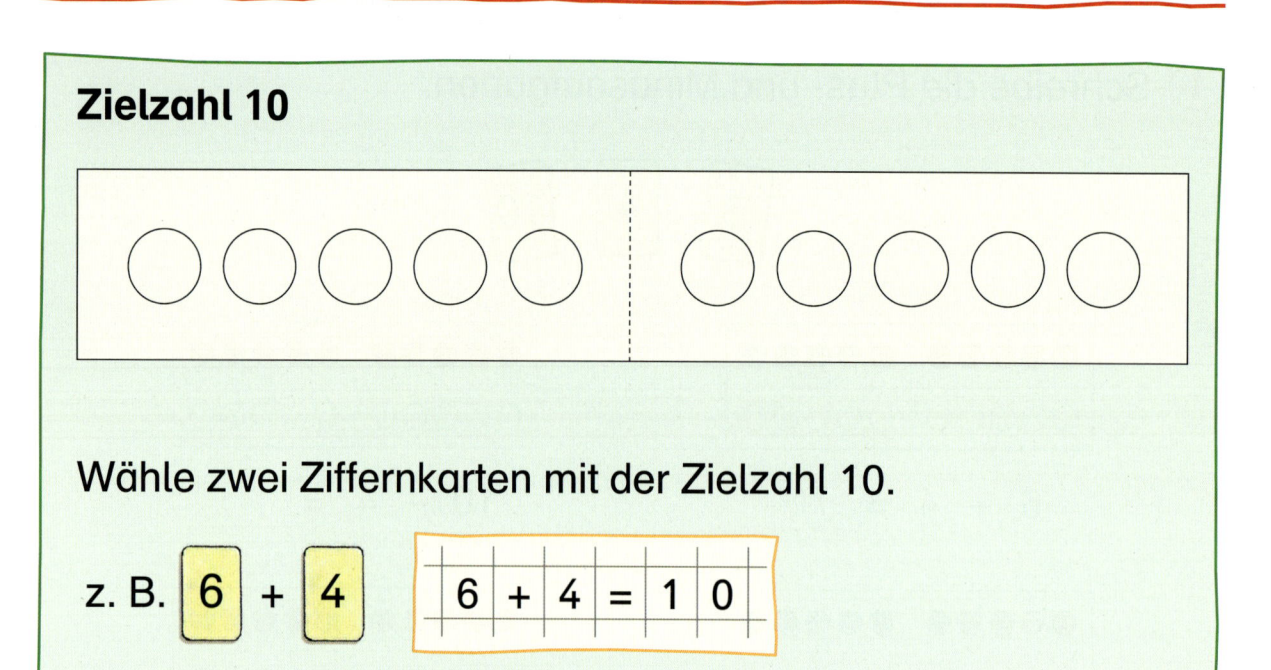

z. B. $6 + 4$ $6 + 4 = 10$

① Lege und beschrifte Ziffernkarten.
Schreibe die Aufgaben mit der Zielzahl 10.

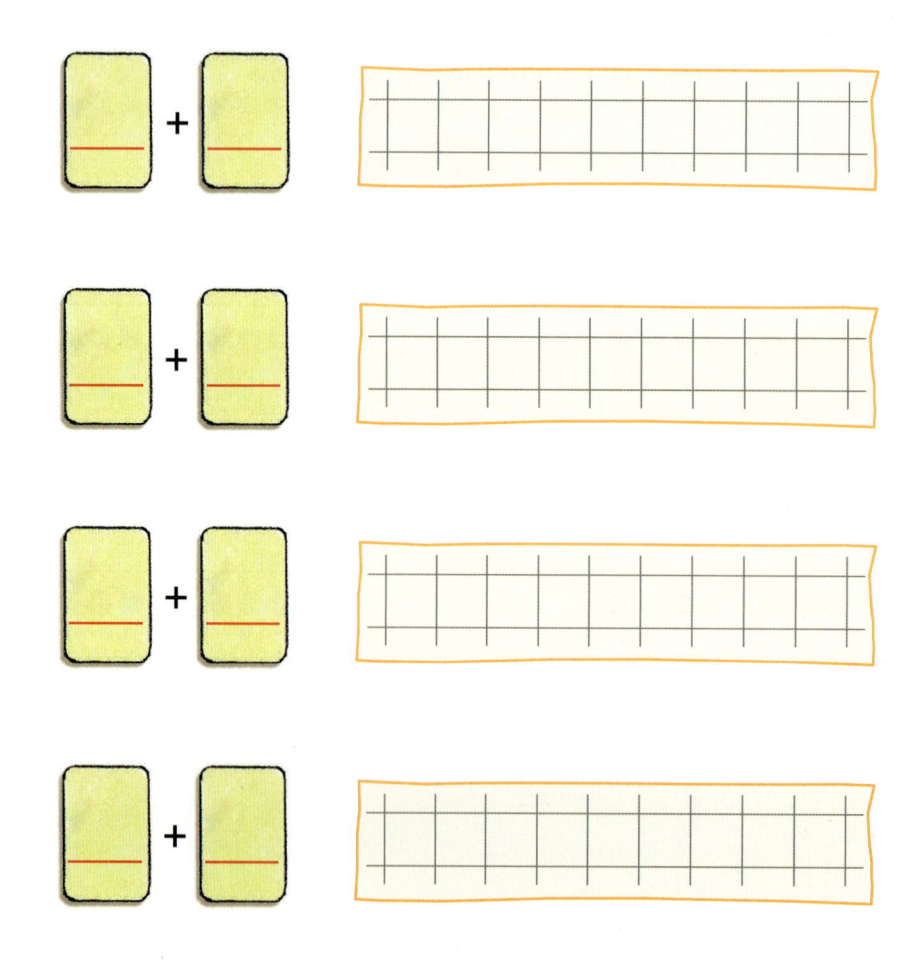

Mit den Ziffernkarten weitere Aufgaben legen, bei denen die Kinder entscheiden müssen, ob die Zielzahl 10 ist oder nicht. Parallel kann auch mit den Zwanzigerfeldern gearbeitet werden.

W1

Rechnen mit Ziffernkarten

SB S. 47 (AA)/S. 45 (BY)

Zahlen tauschen

Wähle zwei Ziffernkarten.

z. B. [2] + [5]

Tausche die Ziffernkarten.

z. B. [5] + [2]   Schreibe so: 2 + 5 = 7
                                 5 + 2 = ___

① Lege.   Tausche.

[4] + [3] = ___   [3] + [4] = ___

[5] + [4] = ___   [4] + [ ] = ___

[ ] + [ ] = ___   [ ] + [ ] = ___

[ ] + [ ] = ___   [ ] + [ ] = ___

Weitere Ziffernkarten beschriften, parallel dazu im Zwanzigerfeld legen. Aufgaben und Tauschaufgaben aufschreiben, ausschneiden und Memory spielen.

Rechengeschichten

SB S. 48 (AA)/S. 46 (BY)

Welches Fest feierst du gerne?

① Rechengeschichten sind überall. Erzähle.

② Erzähle und rechne.

4 Ballons hängen, Lisa hängt noch 2 dazu.

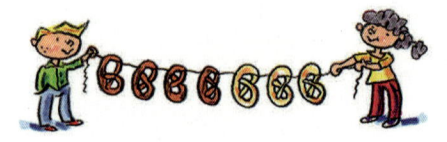

4 + 2 = ___

? ___ + ___ = ___

? ___ + ___ = ___

? ___ + ___ = ___

? ___ + ___ = ___

Auch Geschichten zu Minusrechnungen thematisieren und im Bild finden.

W1

Rechengeschichten

SB S. 49 (AA)/S. 47 (BY)

① Was ist passiert? Erzähle und rechne.

a) __5__ − ___ = __3__

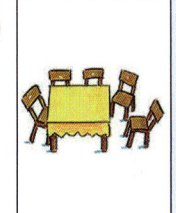

b) ___ + ___ = ___

c) ___ ___ = ___

d) ___ ___ = ___

② Erzähle und rechne. Passen mehrere Aufgaben?

5 − 2 = ___
3 + 2 = ___

_____
_____

③ Male deine Rechengeschichte.

Situationen mit Alltagsgegenständen nachspielen, aufmalen und eine Rechnung aufschreiben
(s. auch Rechengeschichten Download KV 21, 22, 23 und 24).

W1

Zahlen verzaubern + und −

"Aus 3 wird 5, aus 2 wird 4, aus 7 wird ..."

① Wie heißt die Zauberregel?

② Wähle Ziffernkarten, die zur Zauberregel passen.

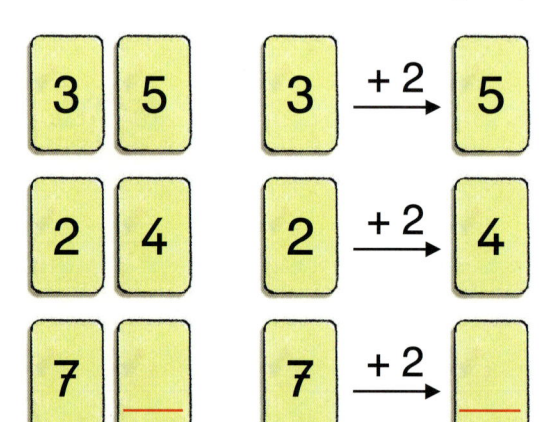

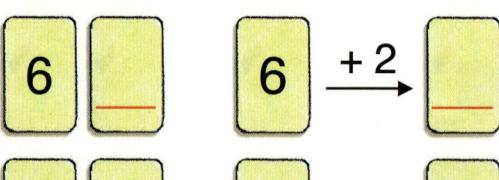

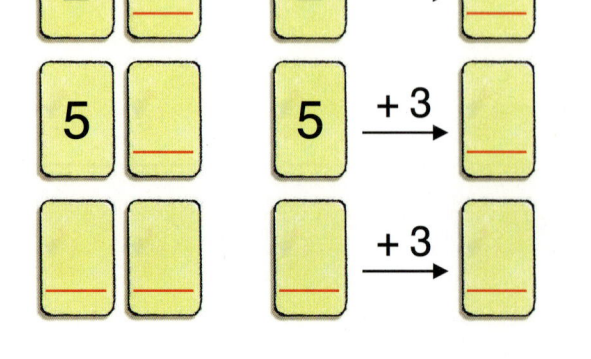

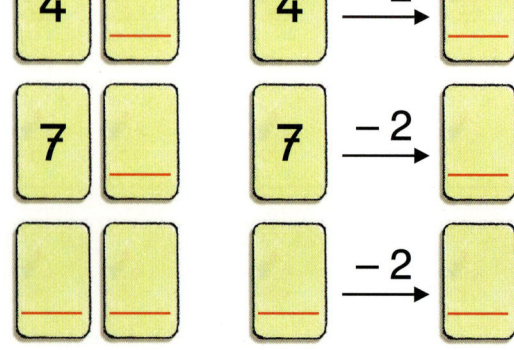

Weitere Ziffernkarten zu Zauberregeln ordnen.

Zahlen verzaubern (+) und (−)

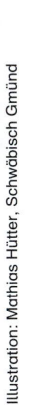

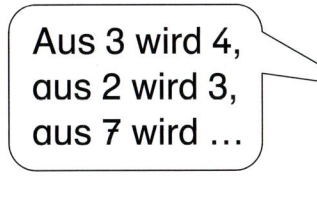

SB S. 51 (AA)/S. 49 (BY)

"Aus 3 wird 4, aus 2 wird 3, aus 7 wird ..."

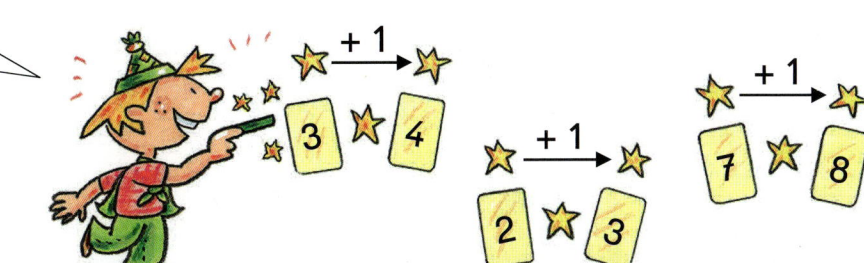

1 Finde die zweite Zahl.

Zauberregel (+1)

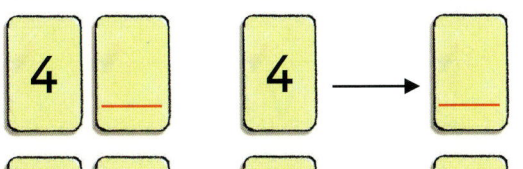

1	_	1 → _
4	_	4 → _
3	_	3 → _
6	_	6 → _

Zauberregel (−1)

1	_	1 → _
3	_	3 → _
5	_	5 → _
9	_	9 → _

2 Wie heißt die Zauberregel?

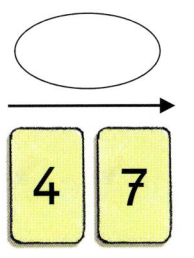

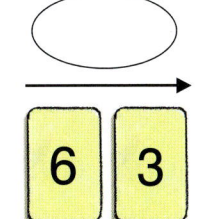

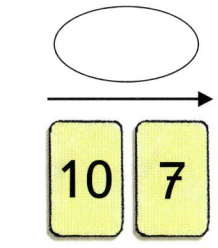

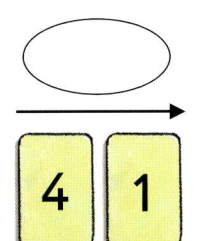

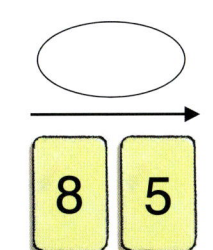

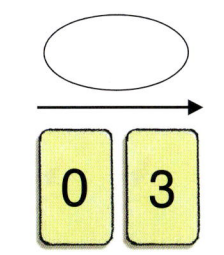

4 → 7   6 → 3   10 → 7

4 → 1   8 → 5   0 → 3

Die Zauberregel kann mithilfe des Zwanzigerfeldes entdeckt werden.

Eckige Figuren

SB S. 52 (AA)/S. 50 (BY)

Vorlesen
Drei Ecken kannst du finden
am Haus, am Schirm, am Baum,
doch so ein Dreiecksvogel
erscheint dir nur im Traum.

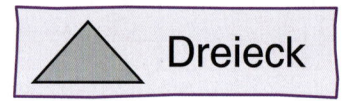

Vorlesen
Ein Viereck hat vier Ecken,
das weiß doch jedes Kind.
An Drachen, Heft und Fenster
kannst du das seh'n geschwind.

Dreieck

Viereck

① Wo entdeckst du diese Formen? Erzähle zu den Bildern.

② Male aus.

Scharfzahn

Kuh Elsa

③ Gestalte selbst Figuren aus Dreiecken und Vierecken.

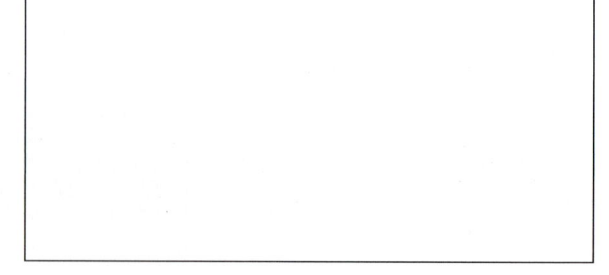

Eigene Figuren malen oder dazukleben.

W2

Eckig oder rund?

SB S. 53 (AA)/S. 51 (BY)

① Erzähle zum Bild. Male aus.

② Male aus. △ ▭ ○

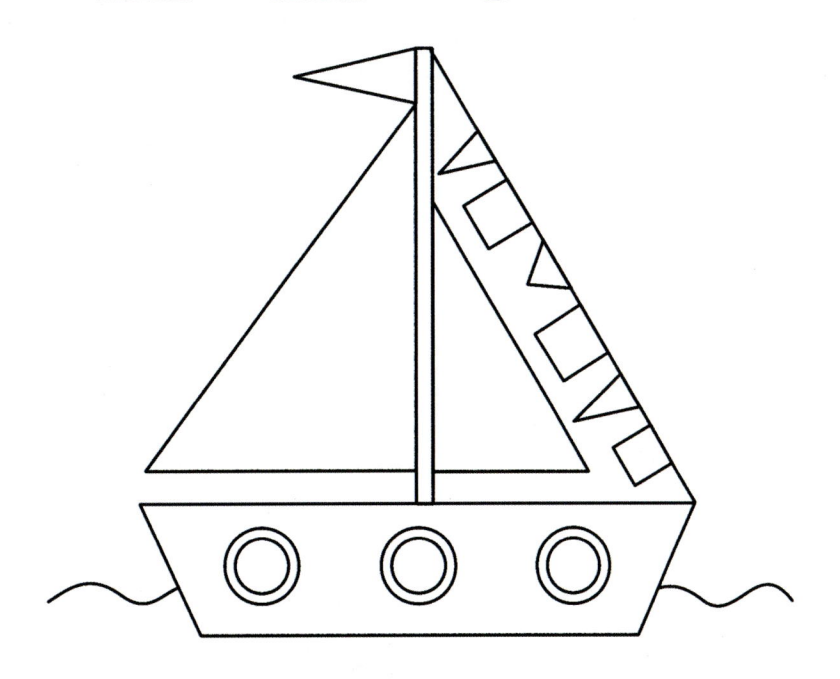

Bild anmalen. Kreise in Zeitschriften, Zeitung suchen und dazukleben.

Flächenformen

SB S. 54 (AA)/S. 52 (BY)

Das sind Dreiecke.

Das sind Vierecke.

Das sind Fünfecke.

① Verbinde.

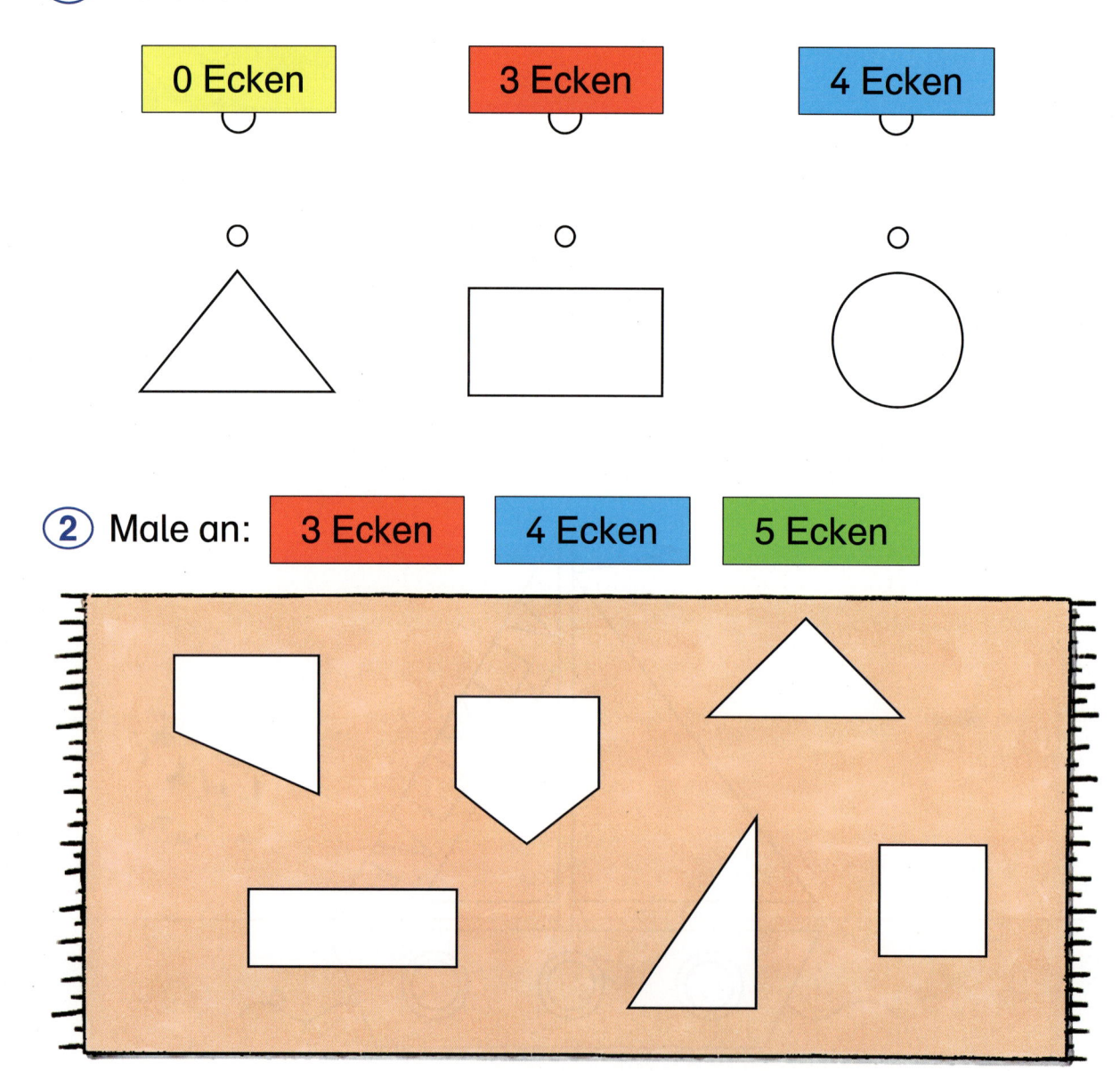

| 0 Ecken | 3 Ecken | 4 Ecken |

② Male an: 3 Ecken 4 Ecken 5 Ecken

Weitere Vierecke zu Nr. 2 dazumalen. Vierecke in Zeitungen, Zeitschriften suchen und dazukleben.

Flächenformen

SB S. 55 (AA)/S. 53 (BY)

1 Falte einen Eckenmesser.
Finde Vierecke mit „besonderen Ecken".

Eine „besondere Ecke"!

2 Finde die Vierecke mit besonderen Ecken. Male an.

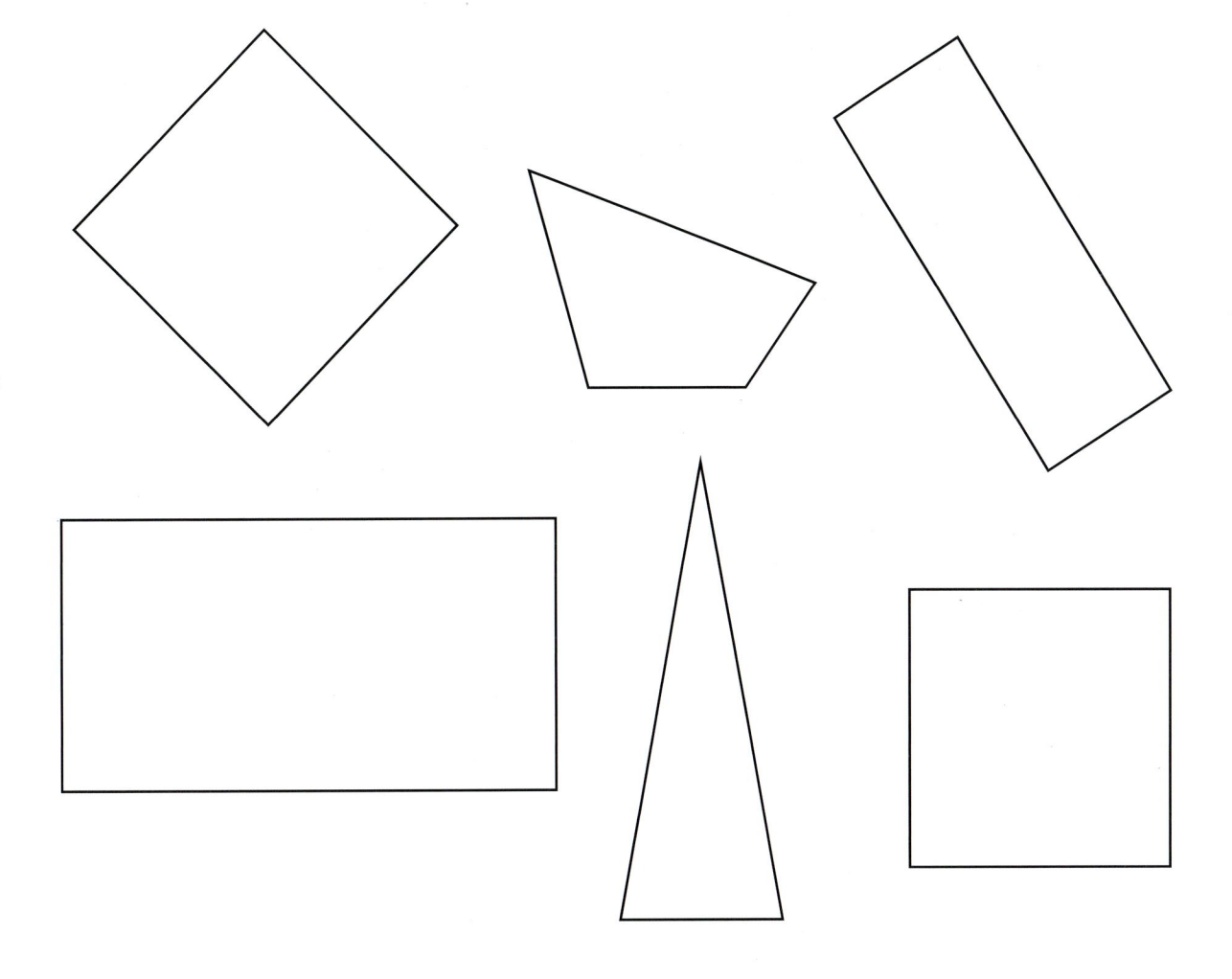

Nach weiteren besonderen Ecken im Klassenzimmer forschen.

W2

Die rote Brücke

SB S. 56 (AA)/S. 54 (BY)

Rote Brücke, Paul Klee, 1928

1 Welche Formen erkennst du? Erzähle.

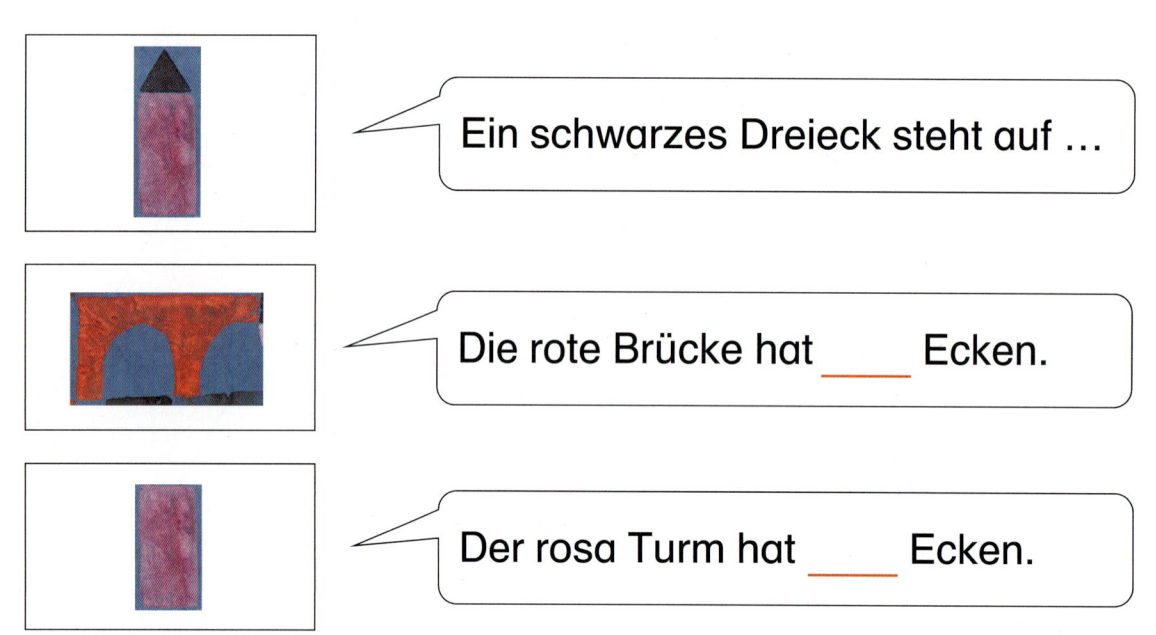

Ein schwarzes Dreieck steht auf …

Die rote Brücke hat ____ Ecken.

Der rosa Turm hat ____ Ecken.

2 Male Formen wie im Bild.

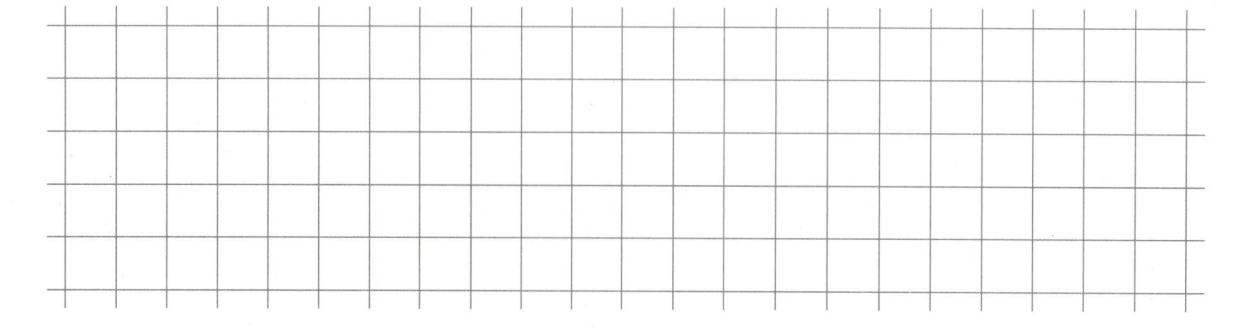

Formenstempel herstellen und Bilder drucken.

W2

Die rote Brücke

SB S. 57 (AA)/S. 55 (BY)

① Zähle.

○ ___   ◿ ___   ▯ ___   □ ___

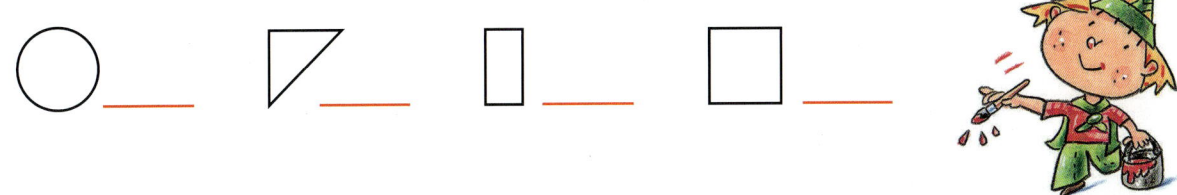

**② Male das Bild wie oben an. Schneide die Formen aus.
Wie ordnest du die Formen an? Klebe auf die Rückseite.**

Weitere Bilder aus Formen herstellen.

Grundwissen ② SB S. 58 (AA)/S. 56 (BY)

① Immer 10: Welche Zahl fehlt? Male an und schreibe auf.

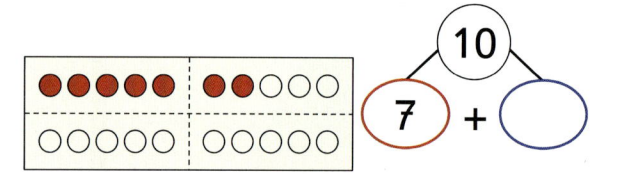

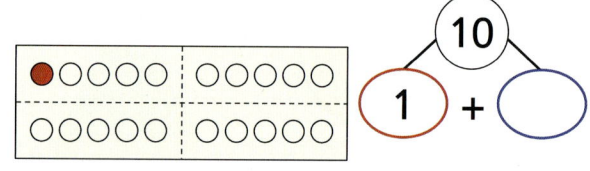

7 + ◯   1 + ◯

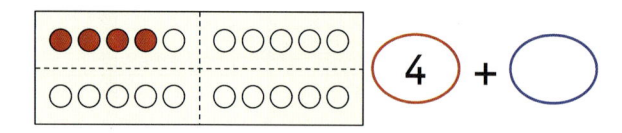

4 + ◯   3 + ◯

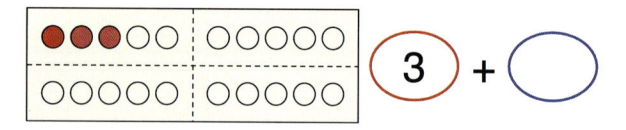

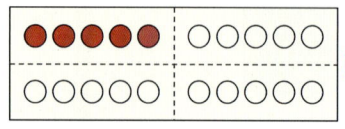

5 + ◯   9 + ◯

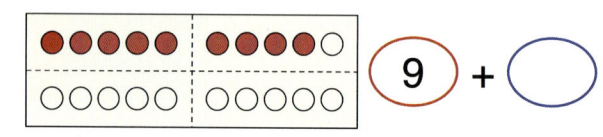

② Immer 4, 5 und 6: Welche Anzahl fehlt? Male und schreibe auf.

2 + ___   ___ + 3

3 + ___   ___ + 2

___ + ___   ___ + ___

Grundwissen 2

SB S. 59 (AA)/S. 57 (BY)

1 Das Doppelte. Male in das Zwanzigerfeld und rechne.

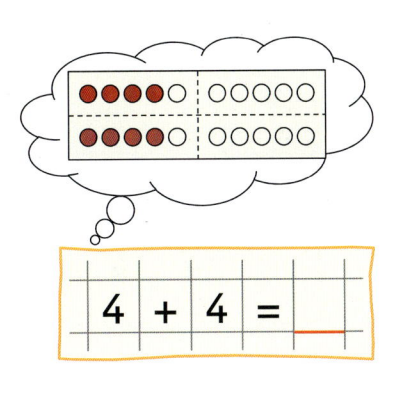

4 + 4 =

1 + 1 = ___   3 + 3 = ___

5 + 5 = ___   2 + 2 = ___

2 Lege die Aufgabe im Zwanzigerfeld. Rechne.

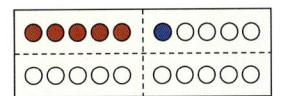

5 + 1 = ___   10 − 5 = ___   6 + 3 = ___   7 − 6 = ___

3 3 Zahlen – 4 Aufgaben: Schreibe die 4 Aufgaben auf.

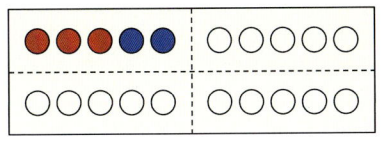

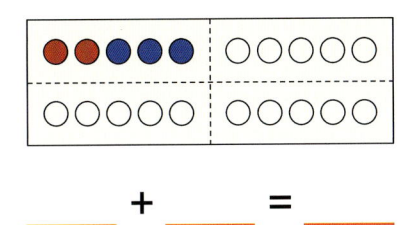

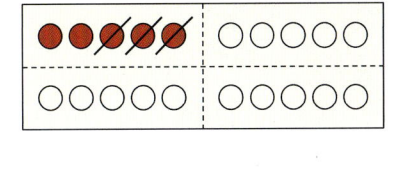

3   2   5

___ + ___ = ___   ___ − ___ = ___

___ + ___ = ___   ___ − ___ = ___

Alle Inhalte mit Material vertiefen.

W1

Ein Bild – viele Rechnungen

SB S. 60 (AA)/S. 58 (BY)

① Erzähle Geschichten zum Bild.
Die Rechnungen können dir helfen.

7 – 5 = 2

7 – 2 = 5

4 + 3 = 7

5 + 2 = 7

② Finde zu den Bildern verschiedene Rechnungen.

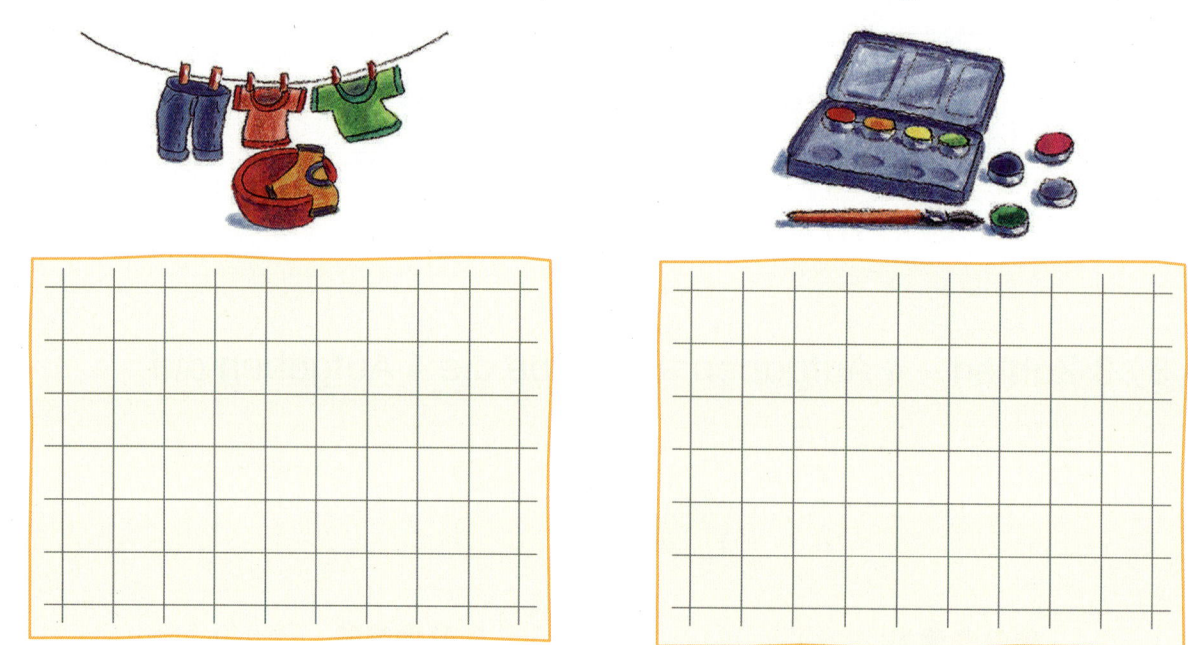

③ Welche Rechnungen passen zum Bild? Male an. Rechne.

2 + 4 = ___   4 + 2 = ___

7 – 3 = ___   6 – 2 = ___

Weitere Rechengeschichten mit Alltagsgegenständen nachspielen und Aufgaben dazu aufschreiben.

W1

Eine Rechnung – viele Bilder

SB S. 61 (AA)/S. 59 (BY)

1 Welche Bilder passen? Kreise ein.

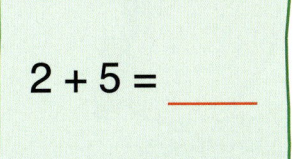

2 + 5 = ___

6 – 3 = ___

2 Male ein Bild zu jeder Rechnung.

2 + 6 = 8

4 – 3 = 1

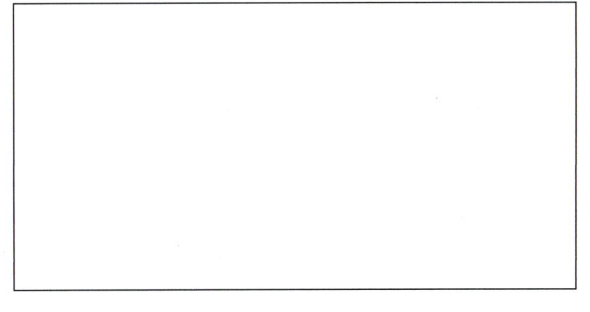

3 Welche Rechnung passt? Male an.

Fatima hat 4 Luftballons.
2 Ballons platzen.
Wie viele Ballons hat sie noch?

| 3 + 2 | 5 – 2 |
| 4 – 2 | 4 + 2 |

Adrian hat 7 Autos.
Seine Oma schenkt ihm noch 3.
Wie viele Autos hat Adrian nun?

| 7 – 3 | 7 + 3 |
| 5 + 3 | 10 – 3 |

Weitere Bilder zu Rechenaufgaben malen.

W1

Zahlenmauern

SB S. 62 (AA)/S. 60 (BY)

Welche Zahl steht im Zielstein?

① Wie ist eine Zahlenmauer aufgebaut? Überlege und erkläre.

② Rechne.

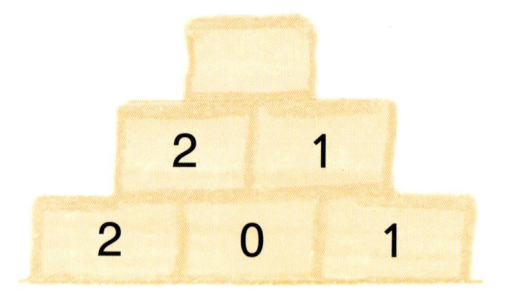

4 5 1 3 2	2 1 2 0 1
4 3 1 2	4 1 4 0
3 2 1 5	3 0 4

Weitere Zahlenmauern (Blanko-Vorlage s. Download KV 25 und 26) für die Kinder vorbereiten.

W1

Zahlenmauern

SB S. 63 (AA)/S. 61 (BY)

① Welche Zahl fehlt? Erkläre.

② Rechne.

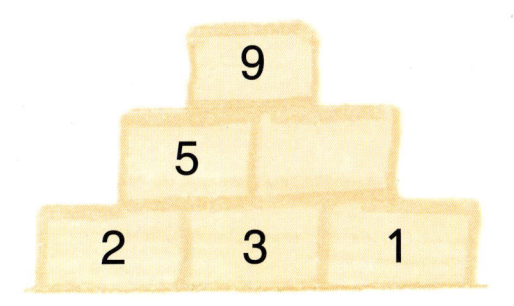

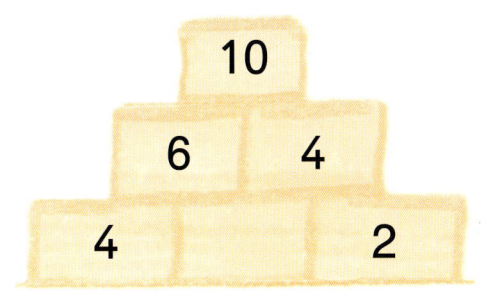

Links und rechts – immer gleich viel

SB S. 64 (AA)/S. 62 (BY)

In meiner Schachtel sind 7 Kugeln.

In meiner Schachtel sind genauso viele.

Was haben die Schachteln gemeinsam?

① Schreibe die passenden Rechnungen auf.

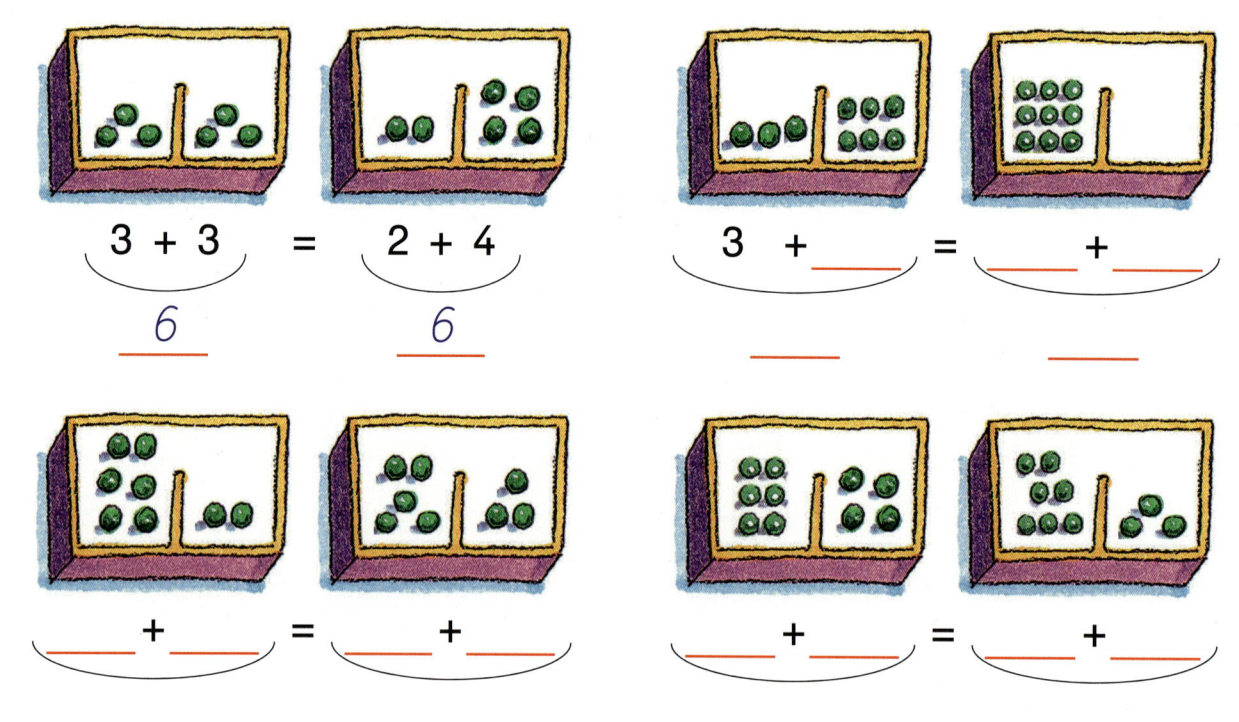

3 + 3 = 2 + 4
6   6

3 + ___ = ___ + ___

___ + ___ = ___ + ___

___ + ___ = ___ + ___

② Verbinde die Karten mit dem gleichen Ergebnis. Male.

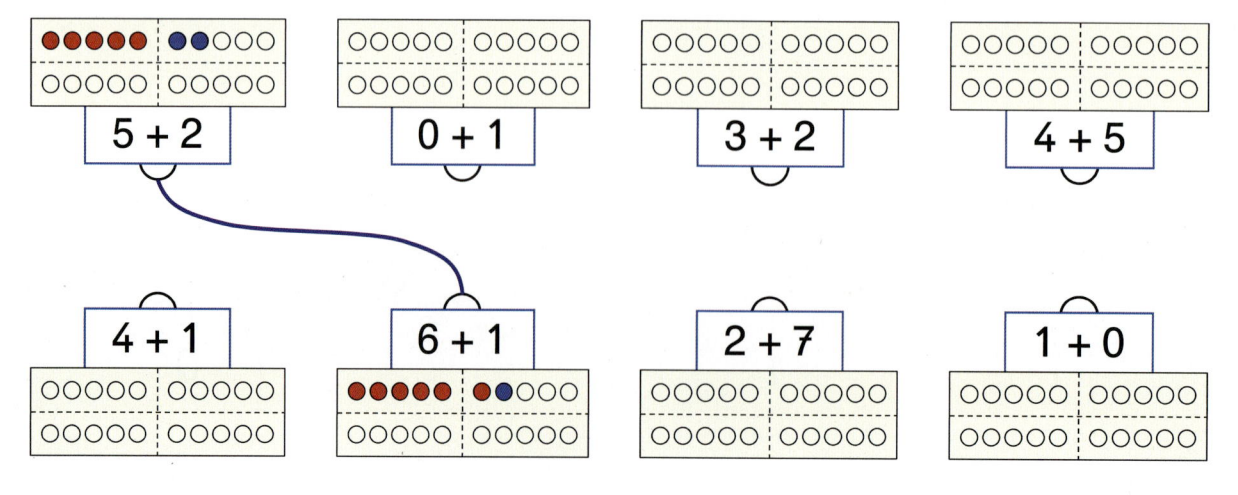

5 + 2   0 + 1   3 + 2   4 + 5

4 + 1   6 + 1   2 + 7   1 + 0

In Blanko-Zwanzigerfelder (s. Download KV 8) verschiedene Aufgaben mit dem gleichen Ergebnis malen und Aufgaben dazu notieren.

Links und rechts – immer gleich viel

SB S. 65 (AA)/S. 63 (BY)

① Immer gleich viel: links eine Zahl – rechts verschiedene Zerlegungen.

5 5 = _1_ + _4_   5 = ___ + ___   5 = ___ + ___

7 7 = ___ + ___   7 = ___ + ___   7 = ___ + ___

6 6 = ___ + ___   6 = ___ + ___   6 = ___ + ___

② Wie viele Kugeln sind verdeckt?

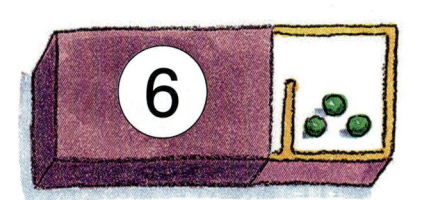

6   6 = ___ + 3

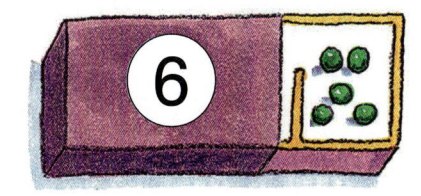

6   6 = ___ + 5

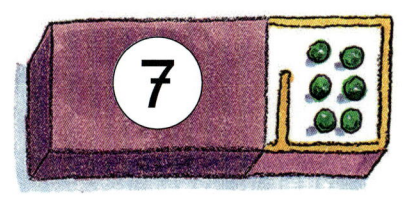

7   7 = ___ + 6

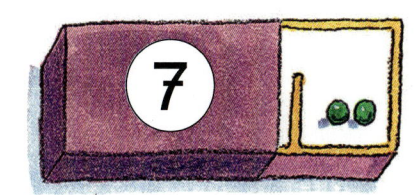

7   7 = ___ + 2

Die Zerlegung der 10 in der gleichen Weise wiederholen.

W1

Dominosteine vergleichen

SB S. 66 (AA)/S. 64 (BY)

5 + 2 = 7

Gewonnen!

3 + 1 = 4

① Spielt und schreibt auf.

② Vergleiche mit > < =. Wer hat gewonnen?

Das größere Ergebnis gewinnt.

3 + 4 < 6 + 2 ✓
7   8

2 + 2 ○ 4 + 1

6 + 4 ○ 5 + 0

4 + 3 ○ 4 + 5

Mit einem Partnerkind das Dominospiel spielen und die Rechnungen notieren (s. Download KV 27 und 28).

Rechnungen vergleichen

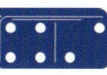

SB S. 67 (AA)/S. 65 (BY)

1 Vergleiche mit > < =.

2 + 3 < 4 + 2

2 Welches Zeichen passt?

2 + 4 ○ 3 + 3
6

4 + 6 ○ 5 + 4

5 + 2 ○ 6 + 2

4 − 1 ○ 6 − 2

9 − 2 ○ 8 − 5

6 − 5 ○ 9 − 2

3 Spielt:
- Das größere Ergebnis gewinnt,
- das kleinere Ergebnis gewinnt.

Gewonnen!

Spielidee: Aufgabenkarten ziehen und entscheiden, wer gewinnt (s. Download KV 11 und 12).

W1

Fragen und Antworten

SB S. 68 (AA)/S. 66 (BY)

Wie viele?

Wo?

Wer?

① Finde Fragen zum Bild.

② Zähle oder rechne.

③ Beantworte diese Fragen:

Wie viele Kinder sind auf dem Klettergerüst?
Es sind ____ Kinder.

Wie viele Jungen sind es mehr als Mädchen?
Es sind ____ Jungen mehr als Mädchen.

Weitere Fragen und Antworten aufschreiben. Wimmelbilder betrachten, Fragen und Antworten finden.

68 W1

Fragen und Antworten

SB S. 69 (AA)/S. 67 (BY)

① 5 Kinder sind im [Sandkasten]. Es kommen 3 Kinder dazu.

Wie viele Kinder sind es dann?

Es sind ___ Kinder.

Frage — Rechnung — Antwort

5 + 3 = ___

② 10 Kinder sind auf dem [Spielplatz].
5 Kinder gehen nach Hause.

F: Wie viele Kinder sind dann noch auf dem Spielplatz?
R: _____
A: Es sind ___ Kinder.

③ Auf der [Wippe] sind 4 Kinder.
Im [Sandkasten] sind 3 Kinder.
Auf dem [Klettergerüst] sind 2 Kinder.

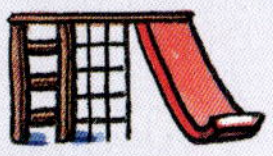

F: Wie viele Kinder sind es insgesamt?
R: _____
A: Es sind ___ Kinder.

④ Am [Klettergerüst] waren 10 Kinder.
Jetzt sind es nur noch 3 Kinder.

F: Wie viele Kinder sind nach Hause gegangen?
R: _____
A: Es sind ___ Kinder nach Hause gegangen.

Im großen Spielplatzbild (s. S. 68 zu SB S. 68 (AA) bzw. SB S. 66 (BY)) weitere Situationen beschreiben. Fragen, Rechnungen und Antworten im Heft festhalten.

W1

Zehner und Einer

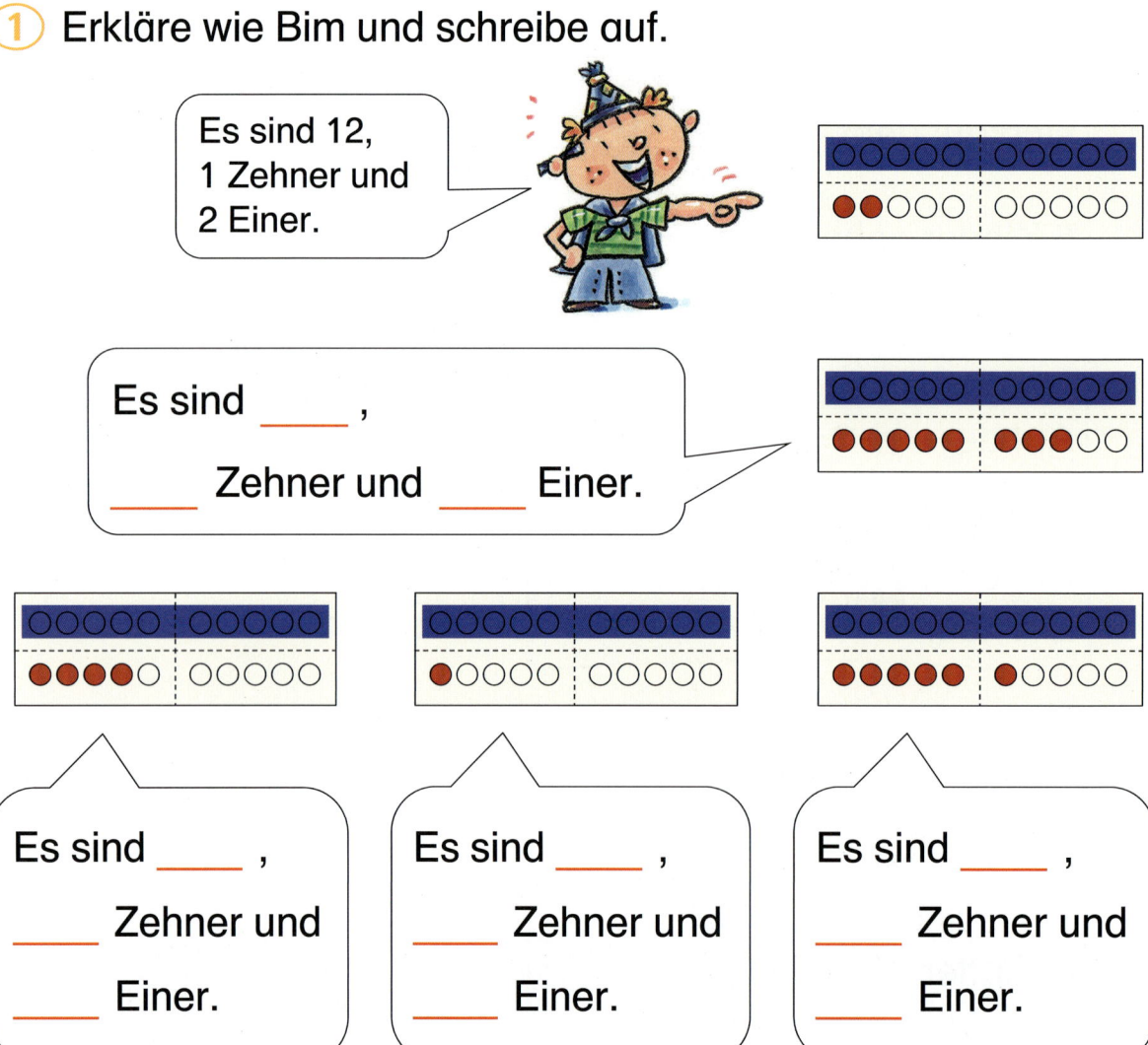

SB S. 70 (AA)/S. 68 (BY)

Es sind 14, ein Zehner und noch 4 Einer dazu …

Was ist ein Zehner?

Das ist ein Zehner.

10 = 1 Zehner = 1 Z
4 = 4 Einer = 4 E

① Erkläre wie Bim und schreibe auf.

Es sind 12, 1 Zehner und 2 Einer.

Es sind ___ , ___ Zehner und ___ Einer.

Es sind ___ , ___ Zehner und ___ Einer.

Es sind ___ , ___ Zehner und ___ Einer.

Es sind ___ , ___ Zehner und ___ Einer.

Weitere Zahlen selbst darstellen und Sprechweise formulieren.
Blitzleseübungen mit Zwanzigerfeldern (s. Download KV 29) in Partnerarbeit durchführen.

W1

Die Zahlen bis 20

SB S. 71 (AA)/S. 69 (BY)

vierzehn

① Lege im Zwanzigerfeld und mit den Zahlenkarten. Schreibe auf.

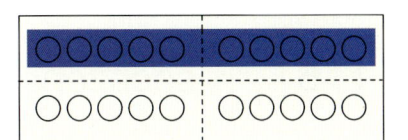

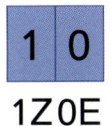

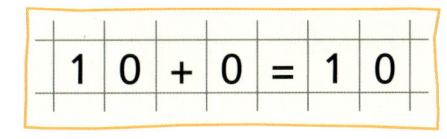

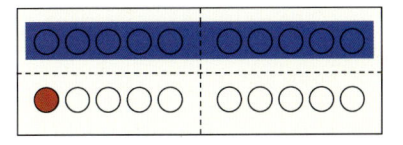

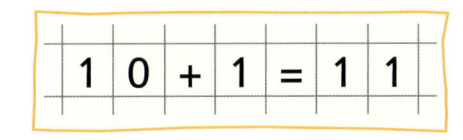

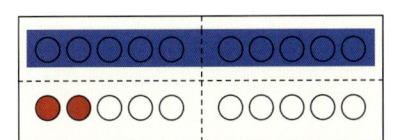

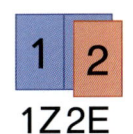

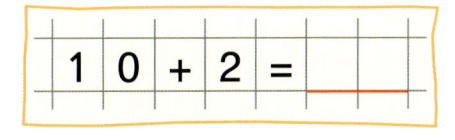

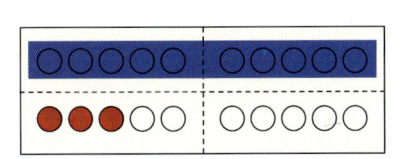

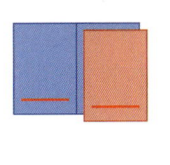

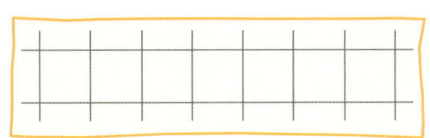

| 1 0 | 1 0 + 0 = 1 0 | zehn |
| 1Z 0E | | |

| 1 1 | 1 0 + 1 = 1 1 | elf |
| 1Z 1E | | |

| 1 2 | 1 0 + 2 = | zwölf |
| 1Z 2E | | |

dreizehn

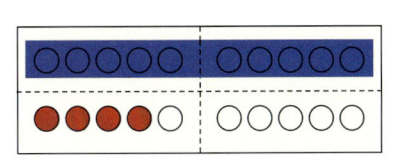

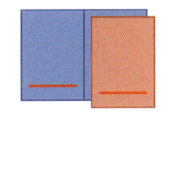

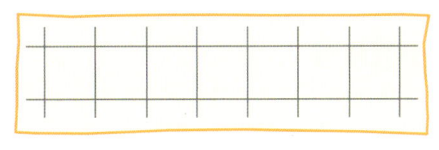

vierzehn

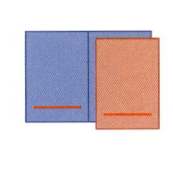

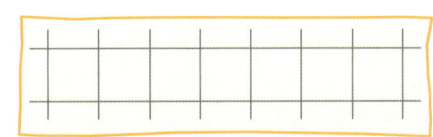

fünfzehn

Zahlenquartett spielen (s. Download KV 30 und 31), evtl. Zahlwort weglassen.
Zahlen mit der Zahlenbaustelle bauen (s. Download „Arbeitsmittel").

W1

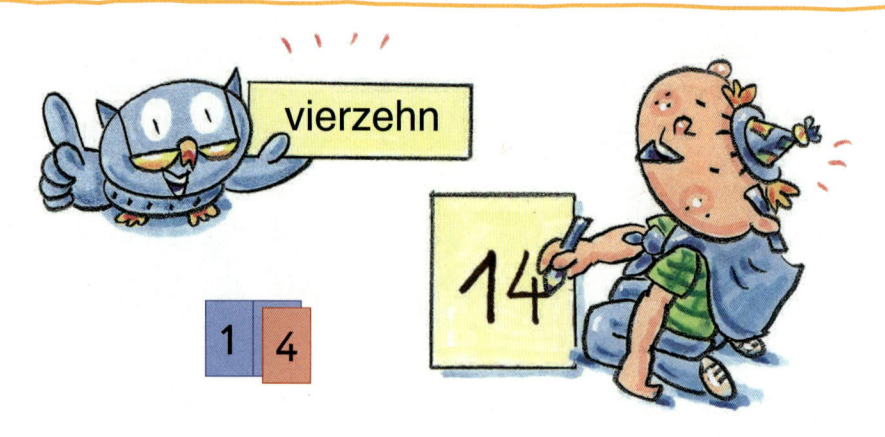

Die Zahlen bis 20

SB S. 71 (AA)/S. 69 (BY)

vierzehn

1 4

14

1 Lege im Zwanzigerfeld und mit den Zahlenkarten. Schreibe auf.

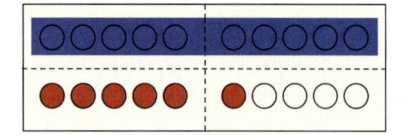

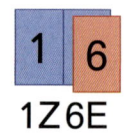

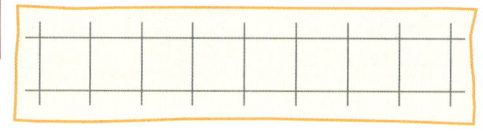

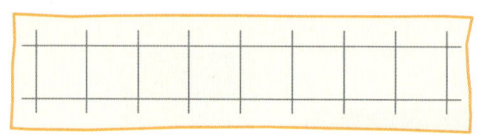

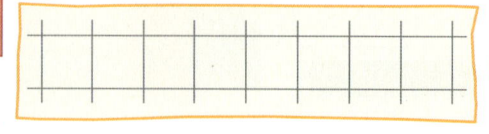

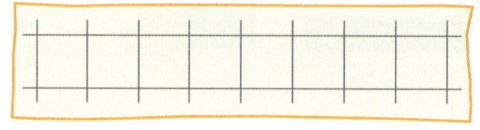

1 6	1 0 + 6 = 1 6	sechzehn
1Z 6E		siebzehn
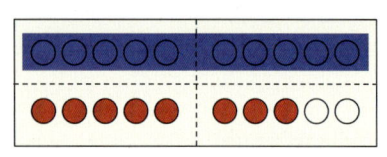	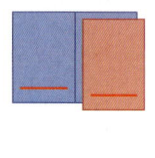	achtzehn
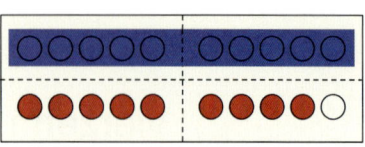	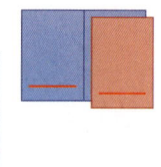	neunzehn
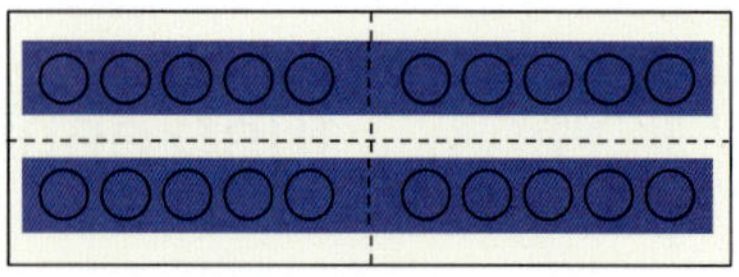		zwanzig

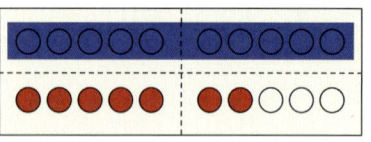

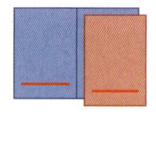

Zahlenquartett spielen (s. Download KV 30 und 31), evtl. Zahlwort weglassen.
Zahlen mit der Zahlenbaustelle bauen (s. Download „Arbeitsmittel").

W1

Den Zahlen bis 20 auf der Spur

SB S. 72 (AA)/S. 70 (BY)

1	2		4	5		7	8		10
11		13	14		16		18		

① Welche Zahlen fehlen? Trage ein.

② Welche Zahlen passen? Kreise ein. Schreibe auf.

Zahlen mit **8 Einern**.

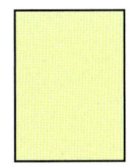

Zahlen mit **1 Zehner**.

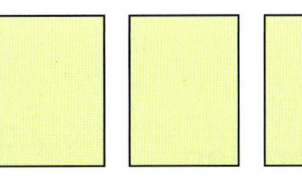

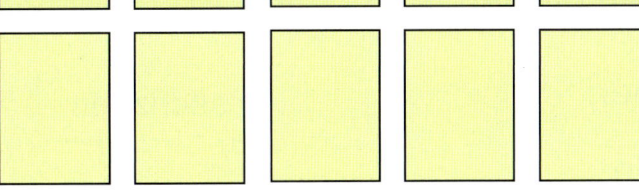

Zahlen mit **3 Einern**.

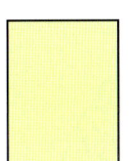

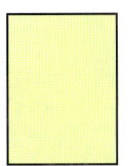

Zahlen mit **5 Einern**.

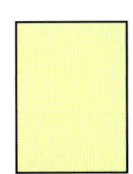

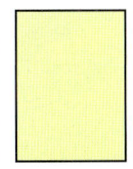

Zahlenkarten nach den oben genannten Kriterien heraussuchen. Zahlenkarten nach eigenen Kriterien sortieren lassen.

W1

Den Zahlen bis 20 auf der Spur

S|B S. 73 (AA)/S. 71 (BY)

1 Wo landest du?

a) Du stehst auf 10. Gehe ein Feld nach unten. ___

b) Du stehst auf 11. Gehe ein Feld nach oben und eins nach rechts. ___

c) Du stehst auf 15. Gehe ein Feld nach oben. ___

d) Du stehst auf 6. Gehe ein Feld nach rechts und eins nach unten. ___

2 Schnell im Kopf: (+1) / (−1)

a) 2 + 1 = ___   5 + 1 = ___   b) 9 − 1 = ___   7 − 1 = ___

12 + 1 = ___   15 + 1 = ___   19 − 1 = ___   17 − 1 = ___

3 Zahlenspiele: Spielt mit den Zahlen bis 20.

Zahlen schnell ordnen	Zahlen tippen	Würfelspiel
• mischen • ordnen • Zeit stoppen	sechzehn	• Start bei 1 • würfeln und vorrücken • Wer kommt genau auf die 20 ?

Zwanzigerfeld verwenden. Dem Partnerkind weitere Wege beschreiben und Wege finden.

W1

Zwanzigerseil und Zahlenstrahl

SB S. 74 (AA)/S. 72 (BY)

„Hier ist die 10!"

① Welche Zahlen gehören zwischen 0 und 10? Kreise ein.

② Zeige am Zehnerseil und am Zahlenstrahl. Schreibe auf.

Vorgänger		Nachfolger
3	4	5
	2	
	1	

Vorgänger		Nachfolger
	3	
	7	
	9	

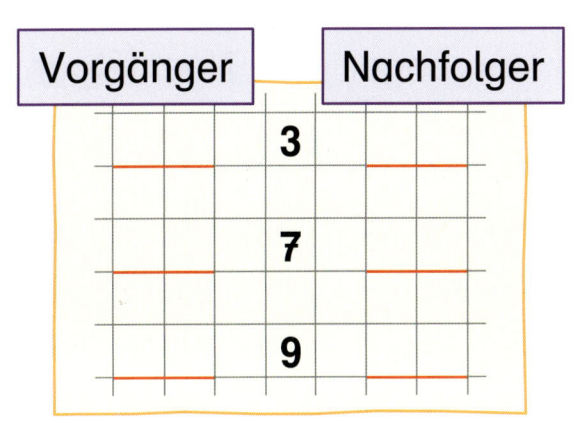

③ Vergleiche mit < > =.

a) 2 < 7
    6 ◯ 6
    6 ◯ 5

b) 4 ◯ 10
    3 ◯ 9
    1 ◯ 2

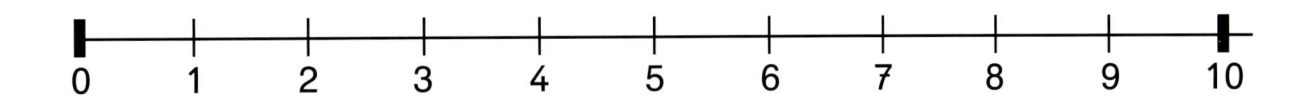

0 1 2 3 4 5 6 7 8 9 10

Zahlenstechen spielen (s. SB 1, S. 22), Zahlenrätsel lösen und selbst stellen, z.B.: „Meine Zahl ist kleiner als 3 und größer als 1."

W1

Zwanzigerseil und Zahlenstrahl

SB S. 75 (AA)/S. 73 (BY)

Hier ist die 20!

1 Welche Zahlen gehören zwischen 10 und 20? Kreise ein.

2 Zeige am Zwanzigerseil und am Zahlenstrahl. Schreibe auf.

Vorgänger		Nachfolger
1 3	1 4	1 5
	1 2	
	1 1	

Vorgänger		Nachfolger
	1 3	
	1 7	
	1 9	

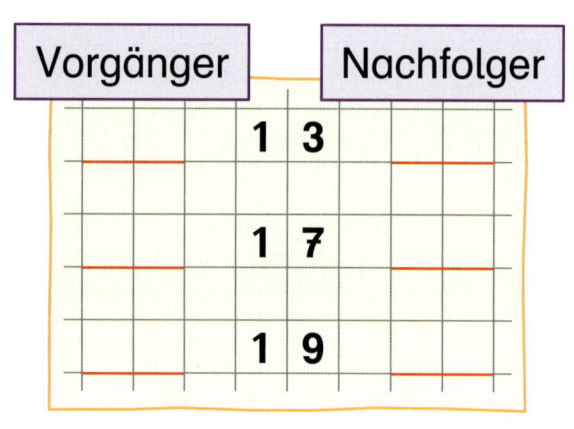

3 Vergleiche mit < > =.

a) 12 < 17
   16 ◯ 16
   16 ◯ 15

b) 14 ◯ 20
   13 ◯ 19
   11 ◯ 12

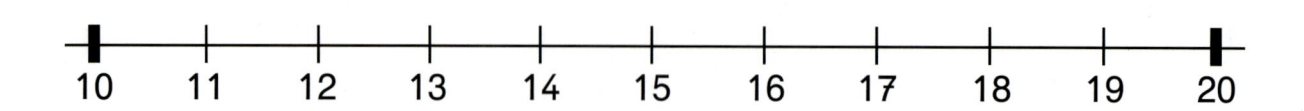

10 11 12 13 14 15 16 17 18 19 20

Auf verschiedene Arten zählen, z.B. vorwärts, rückwärts in Zweierschritten.

W1

Eine Hälfte genau wie die andere?

S|B S. 76 (AA)/S. 74 (BY)

Immer zwei gleiche …!

Eine Hälfte liegt genau auf …!

① Simsala stellt Figuren her. Wie macht sie es?

② Es sollen immer zwei gleiche Hälften sein. Ergänze.

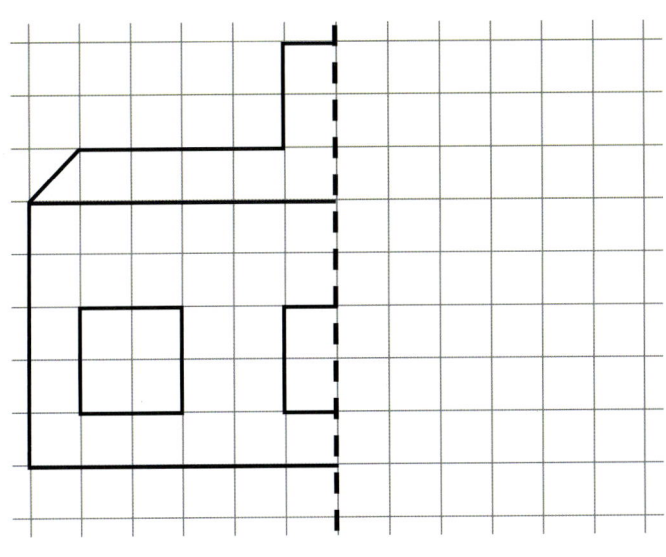

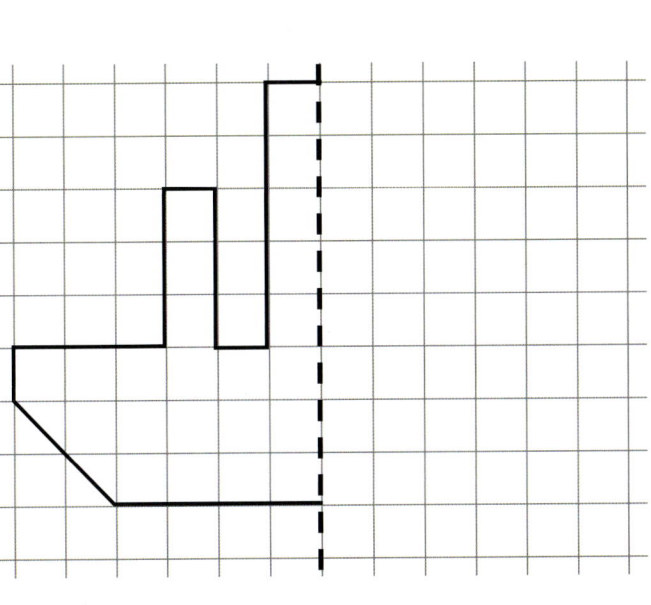

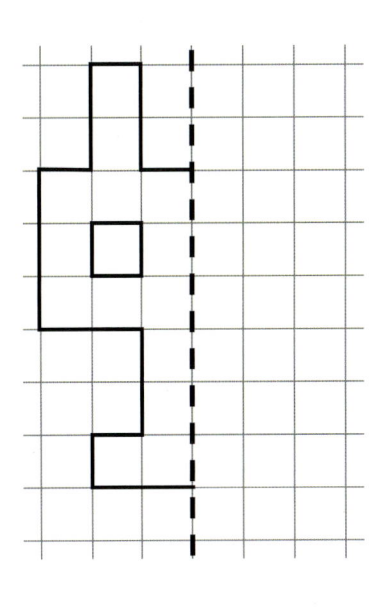

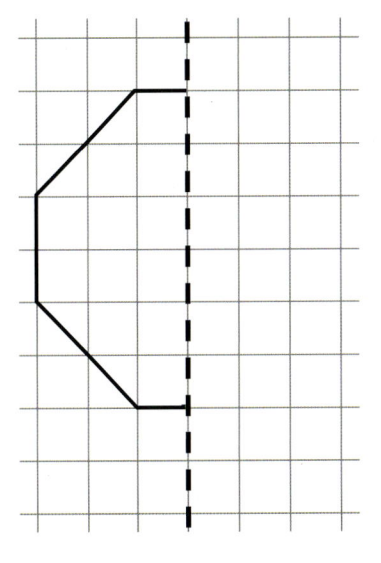

Die Spiegelachse jeweils farbig markieren. Klecksbilder herstellen. Kopfsymmetrie: ausgeschnittene Figur zugeklappt lassen. „Wie sieht die Figur aufgeklappt aus?" Beschreiben.

W2

Eine Hälfte genau wie die andere?

SB S. 77 (AA)/S. 75 (BY)

① Sind beide Hälften gleich?
Überprüfe mit dem Zauberspiegel.

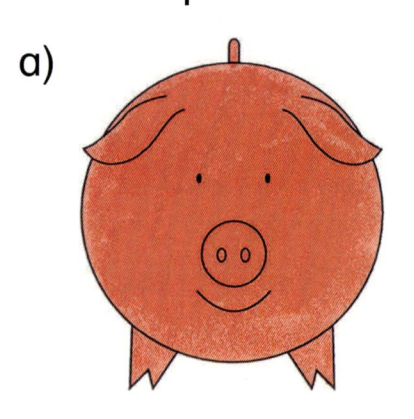

a)

Mein Spiegel steht jetzt genau auf der Spiegelachse.

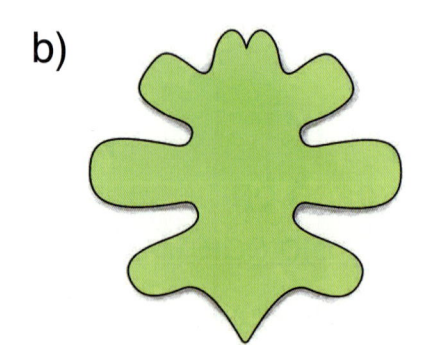

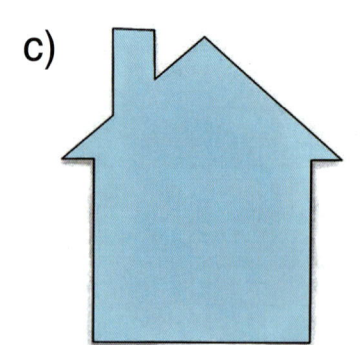

b)

c)

② Zaubere mit einem Spiegel.
Viele Äpfel oder gar keine Äpfel.

Weitere Bilder mit dem Zauberspiegel auf ihre Symmetrie hin überprüfen.

W2

Verwandte Aufgaben

SB S. 78 (AA)/S. 76 (BY)

"6 + 2 = 8, das kann ich schon."

"Ich kann diese Aufgabe auch schon. Sie ist mit deiner verwandt."

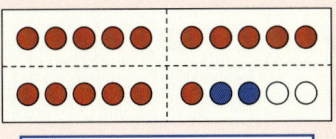

6 + 2 = _8_   16 + 2 = ____

① Rechne.

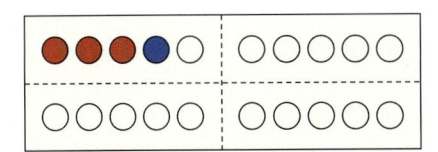

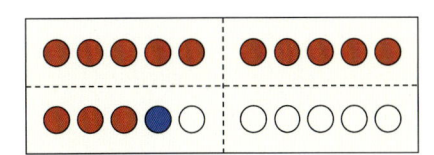

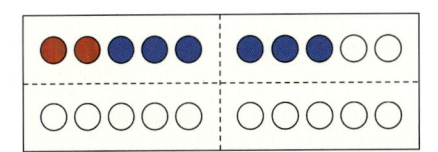

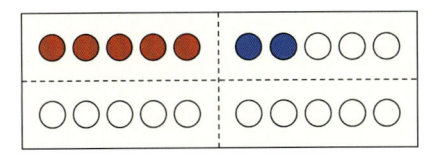

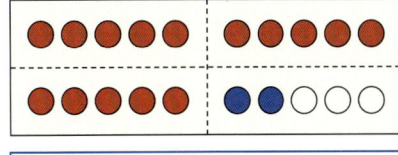

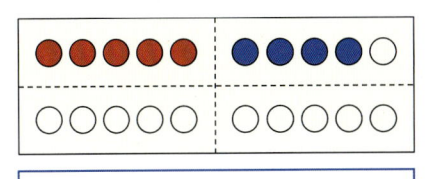

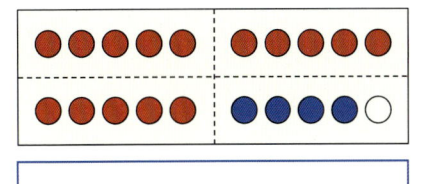

3 + 1 = ____   13 + 1 = ____

2 + 6 = ____   ____ + ____ = ____

5 + 2 = ____   ____ + ____ = ____

5 + 4 = ____   ____ + ____ = ____

Alle Aufgaben werden im Zwanzigerfeld nachgelegt (Blanko-Zwanzigerfelder s. Download KV 8).
Download KV 11, 12 und 13, 14 miteinander kombinieren und Memory spielen.

W1

Verwandte Aufgaben

SB S. 79 (AA)/S. 77 (BY)

"9 – 4 = 5, das kann ich schon."

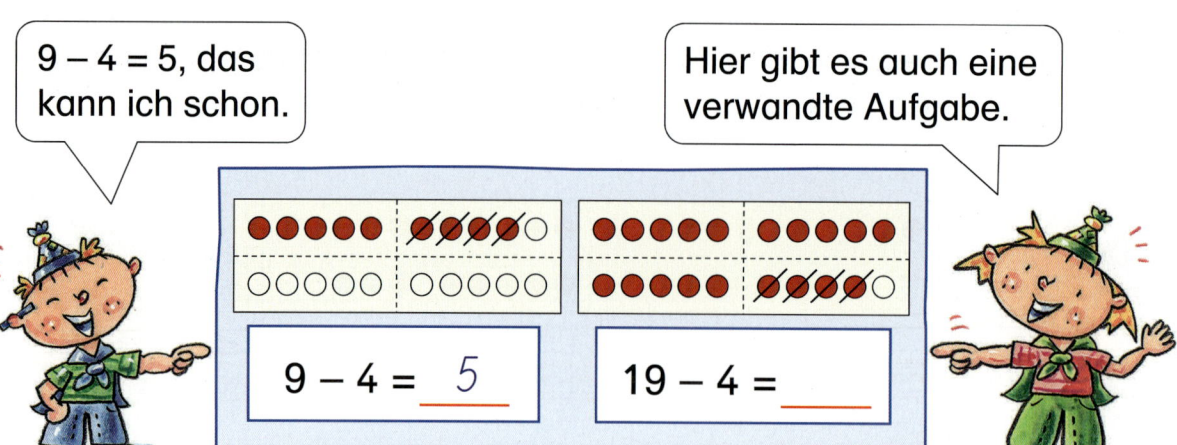

"Hier gibt es auch eine verwandte Aufgabe."

9 – 4 = 5

19 – 4 = ___

1 Rechne.

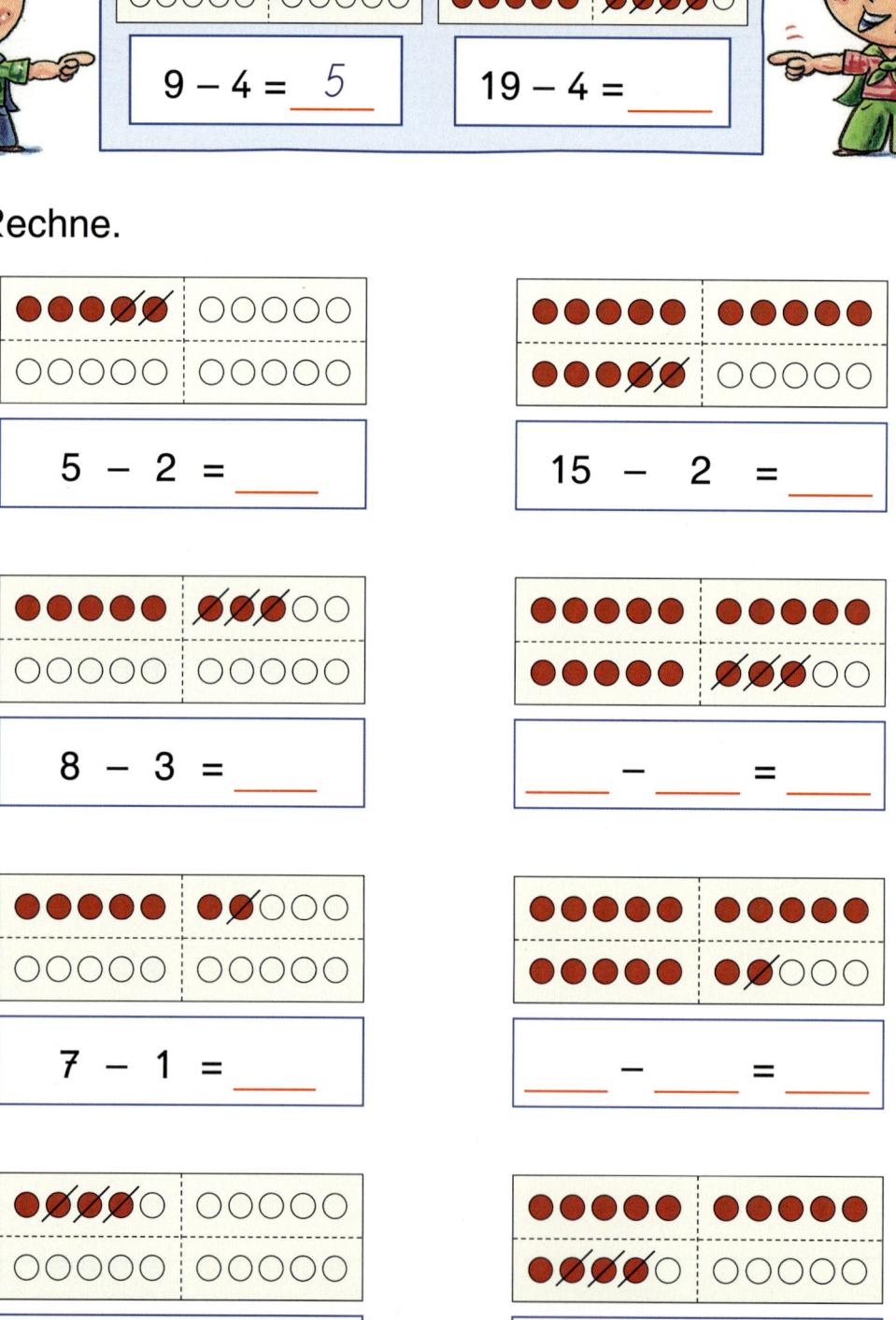

5 – 2 = ___

15 – 2 = ___

8 – 3 = ___

___ – ___ = ___

7 – 1 = ___

___ – ___ = ___

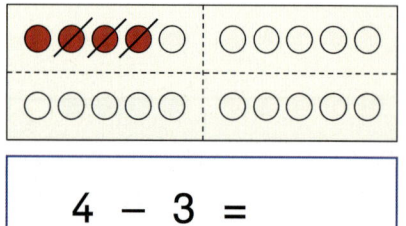

4 – 3 = ___

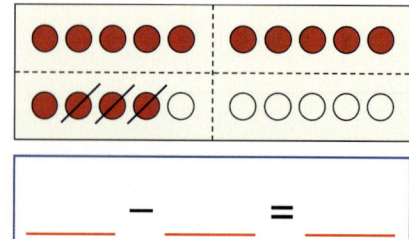

___ – ___ = ___

Alle Aufgaben werden im Zwanzigerfeld nachgelegt (Blanko-Zwanzigerfelder s. Download KV 8).
Download KV 16, 17 und 19, 20 miteinander kombinieren und Memory spielen.

Verdoppeln ...

SB S. 80 (AA)/S. 78 (BY)

"Schau, 3 Plättchen."

"Stimmt."

"Und jetzt?"

"Ich sehe 6. Doppelt so viele. Das Doppelte von 3 ist 6."

① Lege Plättchen und verdopple mit dem Spiegel.

② Schreibe die Rechnungen auf.

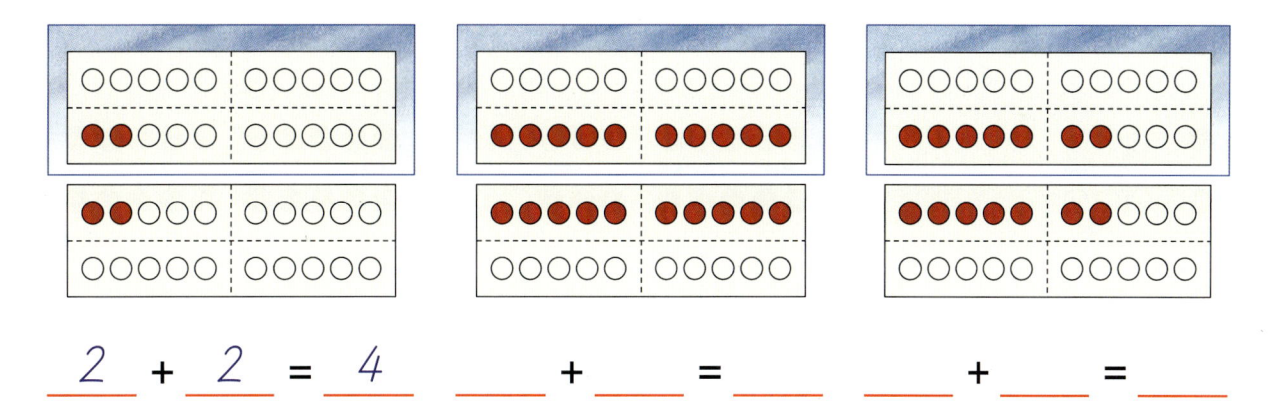

2 + 2 = 4

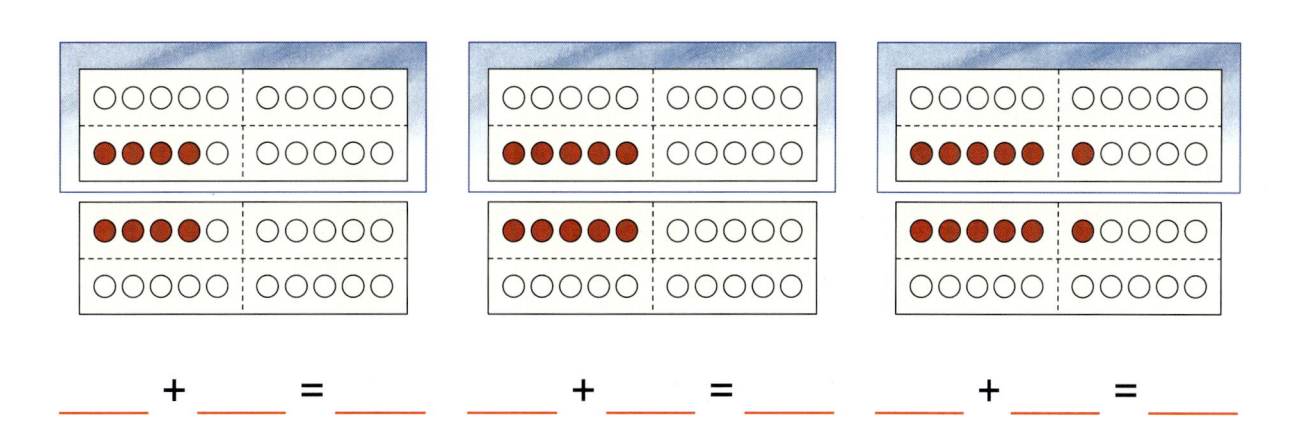

___ + ___ = ___

___ + ___ = ___

___ + ___ = ___

___ + ___ = ___

___ + ___ = ___

Spielidee: „Finger spiegeln". Einer zeigt mit den Fingern eine Zahl. Das Partnerkind zeigt die gleiche Zahl. „Wie viele Finger sind es zusammen?"

W1

... und halbieren

SB S. 81 (AA)/S. 79 (BY)

"12 Plättchen. Lass uns teilen."

"Jeder bekommt die Hälfte."

① Halbiere. Schreibe die Rechnungen auf.

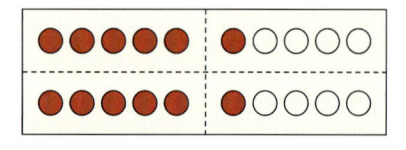

12 = 6 + 6 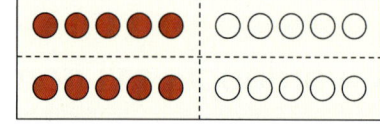   10 = ___ + ___   ___ = ___ + ___

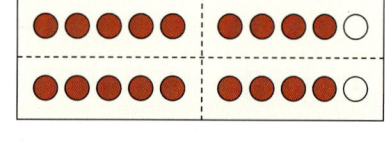

___ = ___ + ___   ___ = ___ + ___   ___ = ___ + ___

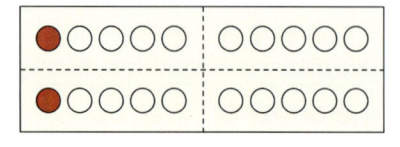

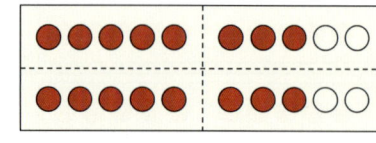

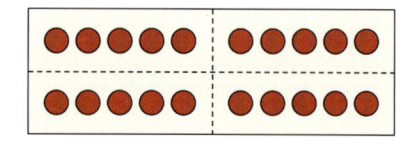

② Zusammen 14. Jedes Kind zeigt gleich viele Finger.

14 = ___ + ___

Zwei Kinder zeigen sich Fingerbilder. „Wie viele sind es zusammen?" „Wie viele zeigt jedes Kind?"
Verbalisieren, wie man sich die Verdopplungen im Kopf vorstellen kann.

W1

Grundwissen 3

SB S. 82 (AA)/S. 80 (BY)

1 Lege mit den Zahlenkarten und schreibe auf.

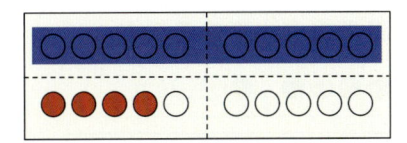

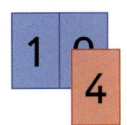

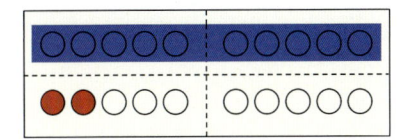

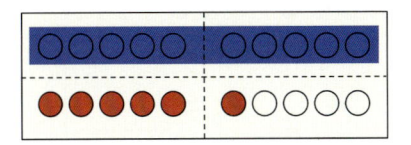

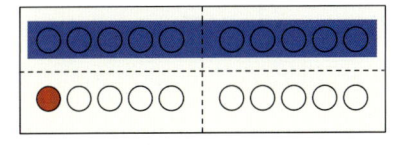

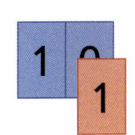

10 + 4 = ____

10 + 2 = ____

10 + 6 = ____

10 + 8 = ____

10 + 1 = ____

2 Zahlen und ihre Nachbarn.

a) _3_ 4 _5_

    ____ 7 ____

    ____ 2 ____

b) ____ 14 ____

    ____ 17 ____

    ____ 12 ____

3 Vergleiche: > < =

a) 17 ◯ 7

    13 ◯ 12

b) 20 ◯ 20

    0 ◯ 14

c) 6 ◯ 16

    17 ◯ 11

Alle Inhalte mit Material vertiefen.

Grundwissen 3

SB S. 83 (AA)/S. 81 (BY)

1 Rechne.

a)
4 + 2 = 6

14 + 2 = ___

7 + 1 = ___

___ + ___ = ___

b)
9 − 1 = 8

19 − 1 = ___

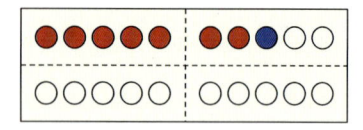

3 − 2 = ___

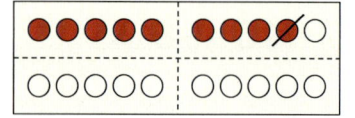

___ − ___ = ___

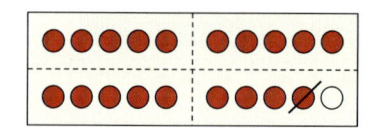

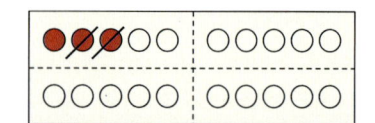

2 Verdopple.

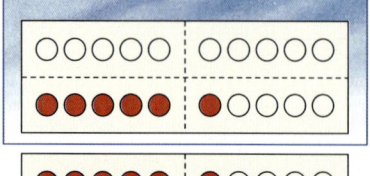

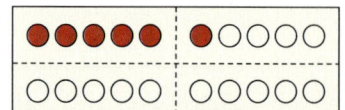

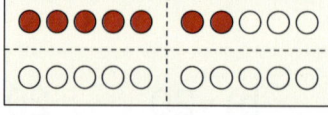

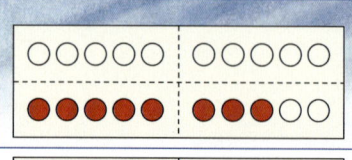

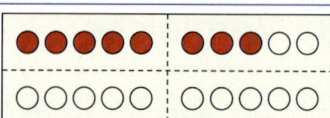

___ + 6 = ___   ___ + ___ = ___   ___ + ___ = ___

Alle Inhalte mit Material vertiefen.

Nachbaraufgaben

SB S. 84 (AA)/S. 82 (BY)

① Bim verändert 5 + 5. Erkläre und rechne.

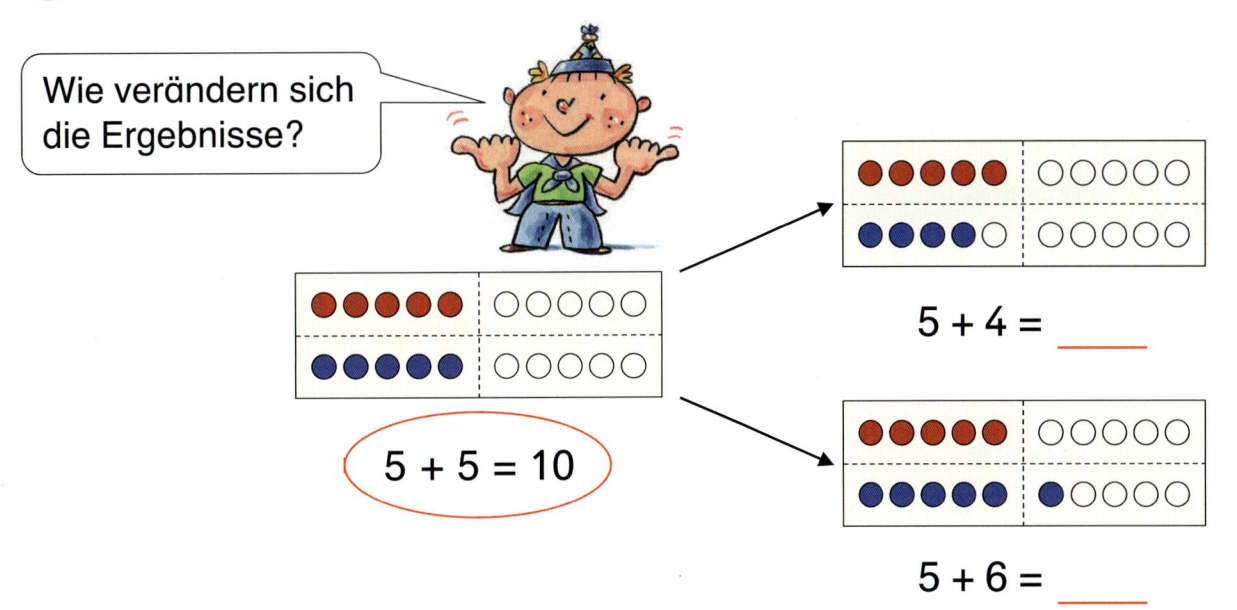

Wie verändern sich die Ergebnisse?

5 + 5 = 10

5 + 4 = ___

5 + 6 = ___

② Lege und rechne.

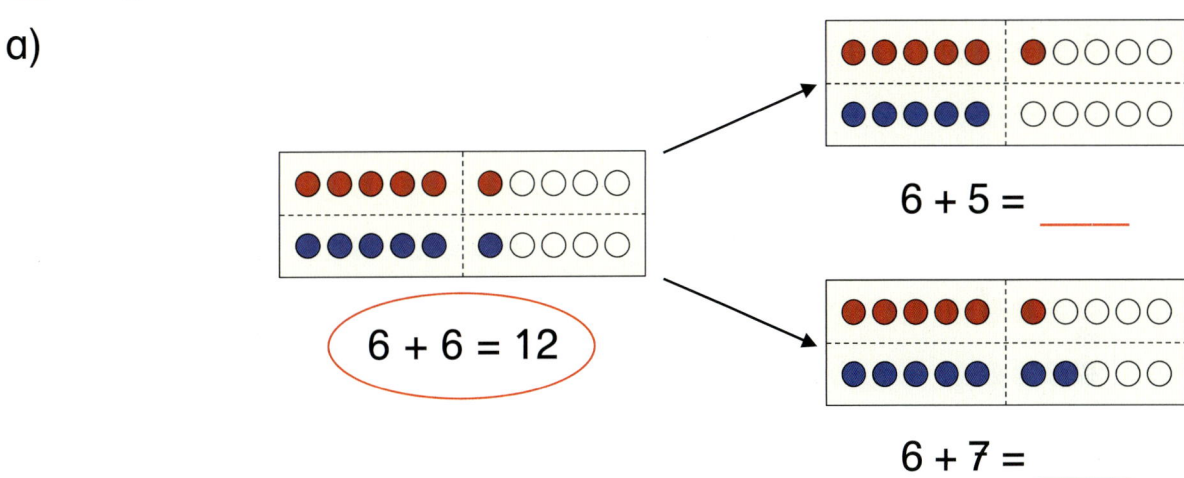

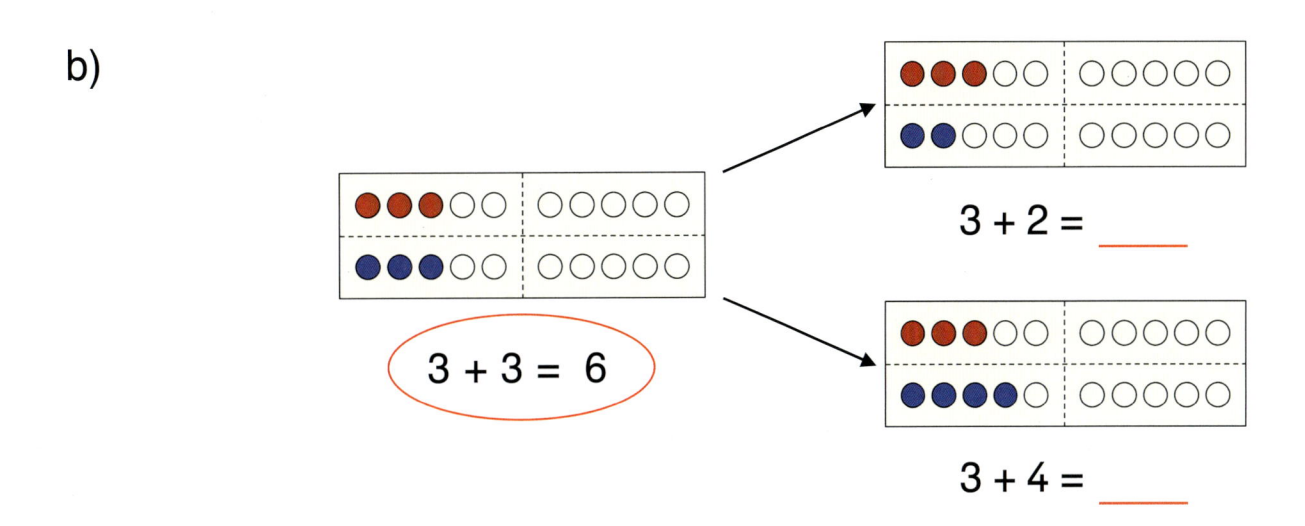

a)

6 + 6 = 12

6 + 5 = ___

6 + 7 = ___

b)

3 + 3 = 6

3 + 2 = ___

3 + 4 = ___

Alle Nachbaraufgaben legen und verbalisieren. Mithilfe der Blanko-Zwanzigerfelder (s. Download KV 8) Zuordnungen finden. Zu weiteren Verdopplungen Nachbaraufgaben finden und aufschreiben.

W1

Nachbaraufgaben

SB S. 84 (AA)/S. 82 (BY)

1 Bim verändert 5 + 5. Erkläre und rechne.

Wie verändern sich die Ergebnisse?

5 + 5 = 10

4 + 5 = ___

6 + 5 = ___

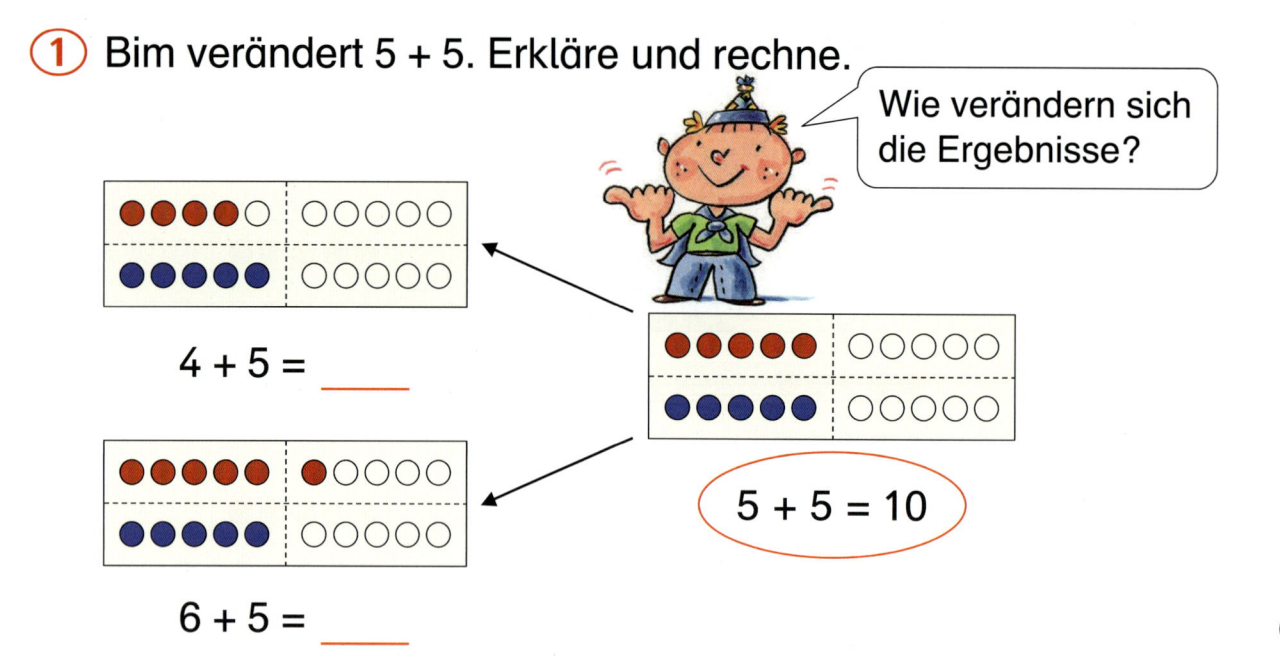

2 Lege und rechne.

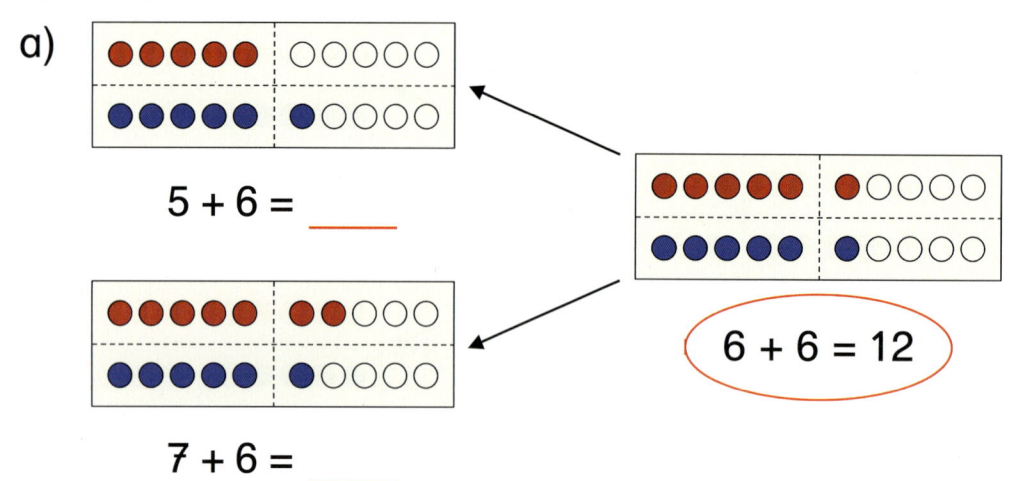

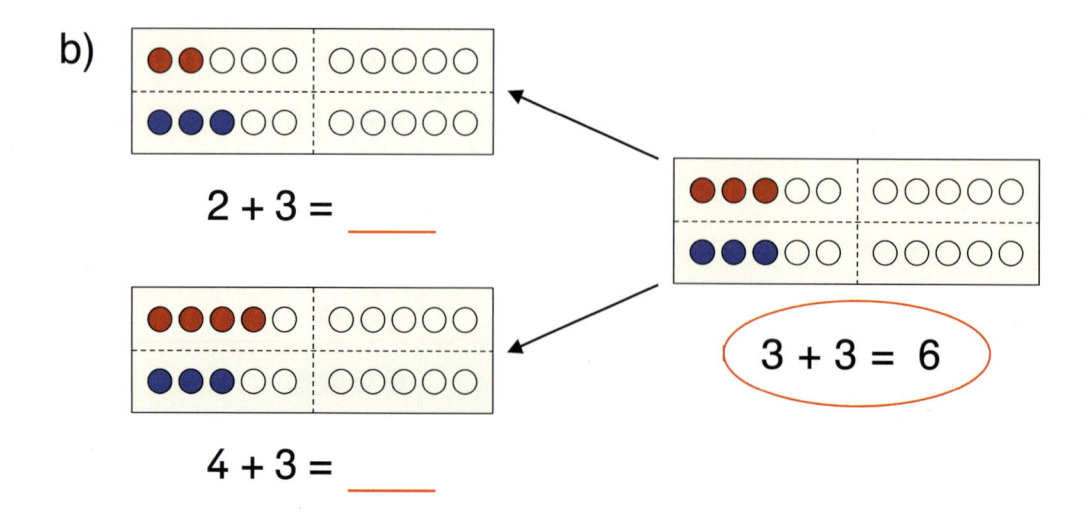

a)

6 + 6 = 12

5 + 6 = ___

7 + 6 = ___

b)

3 + 3 = 6

2 + 3 = ___

4 + 3 = ___

Alle Nachbaraufgaben legen und verbalisieren. Mithilfe der Blanko-Zwanzigerfelder (s. Download KV 8) Zuordnungen finden. Zu weiteren Verdopplungen Nachbaraufgaben finden und aufschreiben.

Nachbaraufgaben mit 10

SB S. 85 (AA)/S. 83 (BY)

1 Simsala verändert Plusaufgaben mit 10. Erkläre.

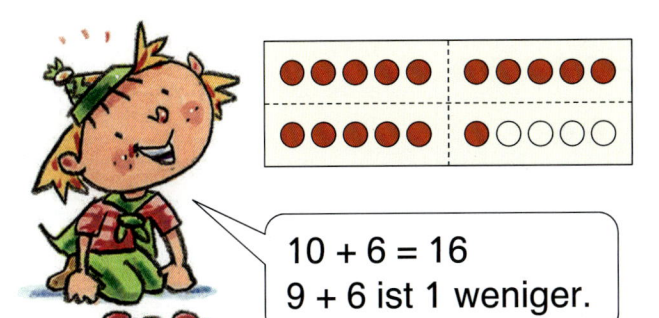

10 + 6 = 16
9 + 6 ist 1 weniger.

10 + 6 = 16

9 + 6 = 15

2 Rechne.

a) 10 + 2 = 12
10 + 2 = 12
9 + 2 ist 1 weniger.
9 + 2 = 11

b) 10 + 3 = ___
10 + 3 = ___
9 + 3 ist 1 weniger.
9 + 3 = ___

c) 10 + 4 = ___
10 + 4 = ___
9 + 4 ist 1 weniger.
9 + 4 = ___

d) 10 + 5 = ___
10 + 5 = ___
9 + 5 ist 1 weniger.
9 + 5 = ___

e) 10 + 7 = ___
10 + 7 = ___
9 + 7 ist 1 weniger.
9 + 7 = ___

(10 +)-Aufgaben im Zwanzigerfeld nachlegen und als (9 +)-Aufgabe verändern. Beide Aufgaben notieren.

W1

Nachbaraufgaben mit 10

SB S. 85 (AA)/S. 83 (BY)

1 Bim verändert Minusaufgaben mit 10. Erkläre.

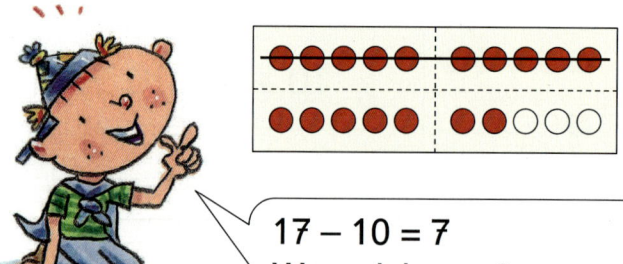

17 − 10 = 7
Wenn ich nur 9 wegnehme, bleibt 1 mehr übrig.

17 − 10 = 7

17 − 9 = 8

2 Rechne.

a) 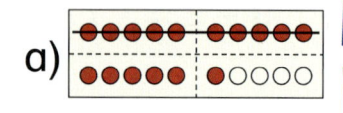
16 − 10 = 6
16 − 9 = 7

16 − 10 = 6
Wenn ich nur 9 wegnehme, bleibt 1 mehr übrig.

b) 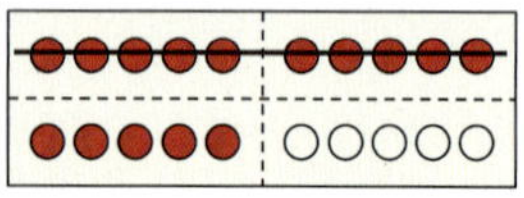
15 − 10 =
15 − 9 =

15 − 10 =
Wenn ich nur 9 wegnehme, bleibt 1 mehr übrig.

c) 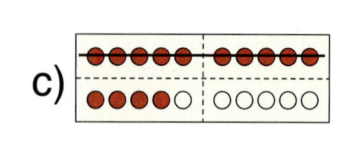
14 − 10 =
14 − 9 =

14 − 10 =
Wenn ich nur 9 wegnehme, bleibt 1 mehr übrig.

d) 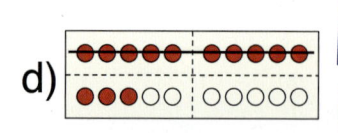
13 − 10 =
13 − 9 =

13 − 10 =
Wenn ich nur 9 wegnehme, bleibt 1 mehr übrig.

−10-Aufgaben im Zwanzigerfeld nachlegen und zur −9-Aufgabe verändern (abdecken). Beide Aufgaben notieren.

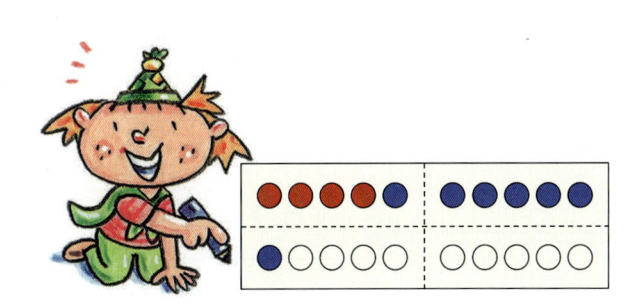

Zwischenstopp bei 10 +

SB S. 86 (AA)/S. 84 (BY)

"Zuerst 6 dazu und dann noch 1."

4 + 7 = 1 1
4 + 6 + 1 = 1 1

So rechnet Simsala über die 10.

1 Lege, male und rechne wie Simsala.

a)

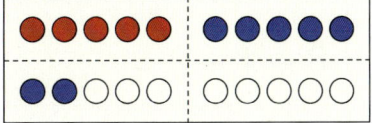

5 + 7 = ___
5 + 5 + 2 = ___

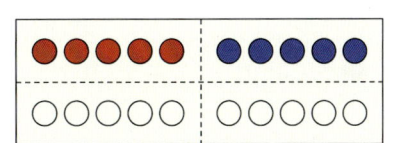

5 + 6 = ___
5 + 5 + ___ = ___

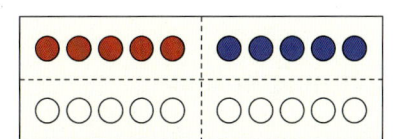

5 + 8 = ___
5 + 5 + ___ = ___

b)

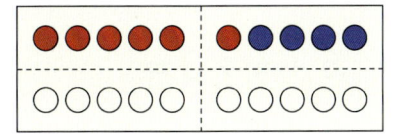

6 + 5 = ___
6 + 4 + ___ = ___

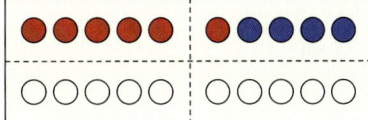

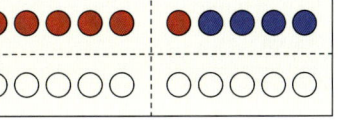

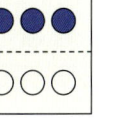

6 + 7 = ___
6 + 4 + ___ = ___

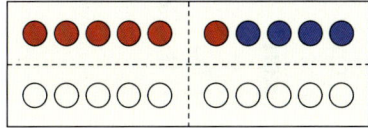

6 + 8 = ___
6 + 4 + ___ = ___

c)

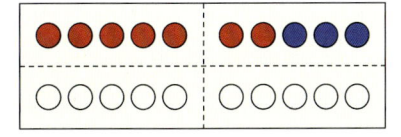

7 + 5 = ___
7 + 3 + ___ = ___

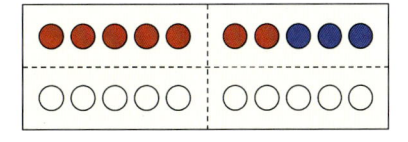

7 + 4 = ___
7 + 3 + ___ = ___

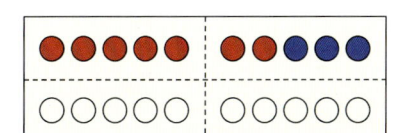

7 + 6 = ___
7 + 3 + ___ = ___

Aufgaben in das Zwanzigerfeld legen. Fragen stellen wie: „Warum erst plus 6?" „Warum dann plus 1?" „Wo kommt die 1 her?"

Zwischenstopp bei 10 +

SB S. 87 (AA)/S. 85 (BY)

1 Lege. Welche Rechnung passt zum Bild? Male und rechne.

| 6 + 8 = ___ | 6 + 8 = ___ |
| 6 + 1 + 7 = ___ | 6 + 4 + 4 = ___ |

| 4 + 9 = ___ | 4 + 9 = ___ |
| 4 + 4 + 5 = ___ | 4 + 6 + 3 = ___ |

| 8 + 3 = ___ | 8 + 3 = ___ |
| 8 + 2 + 1 = ___ | 8 + 1 + 2 = ___ |

| 9 + 6 = ___ | 9 + 6 = ___ |
| 9 + 1 + 5 = ___ | 9 + 3 + 3 = ___ |

| 5 + 7 = ___ | 5 + 7 = ___ |
| 5 + 5 + 2 = ___ | 5 + 4 + 3 = ___ |

| 4 + 8 = ___ | 4 + 8 = ___ |
| 4 + 4 + 4 = ___ | 4 + 6 + 2 = ___ |

| 8 + 4 = ___ | 8 + 4 = ___ |
| 8 + 1 + 3 = ___ | 8 + 2 + 2 = ___ |

| 9 + 5 = ___ | 9 + 5 = ___ |
| 9 + 1 + 4 = ___ | 9 + 3 + 2 = ___ |

Die Aufgaben am Rechenrahmen (vgl. Download „Arbeitsmittel") **nicht** zählend überprüfen.

W1

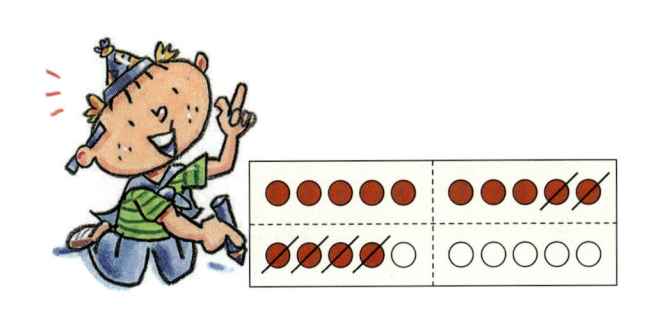

Zwischenstopp bei 10 ⊖

SB S. 88 (AA)/S. 86 (BY)

"Zuerst 4 weg und dann noch 2."

$14 - 6 = 8$
$14 - 4 - 2 = 8$

① **Streiche durch und rechne wie Bim.**

a)

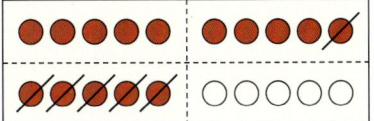

15 − 6 = ___
15 − 5 − 1 = ___

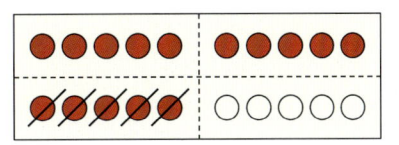

15 − 9 = ___
15 − 5 − ___ = ___

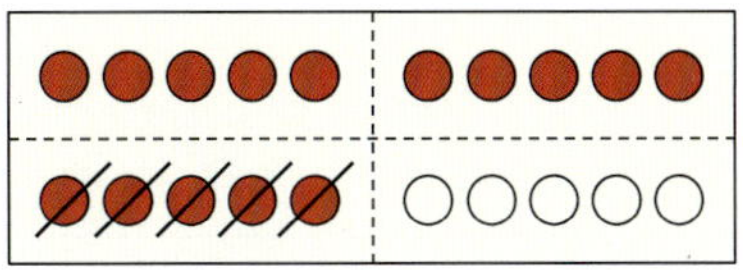

15 − 8 = ___
15 − 5 − ___ = ___

b)

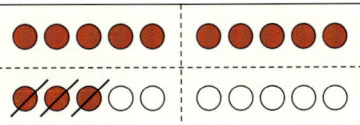

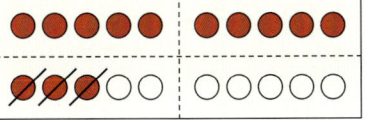

13 − 6 = ___
13 − 3 − ___ = ___

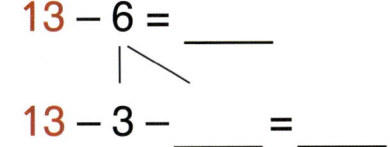

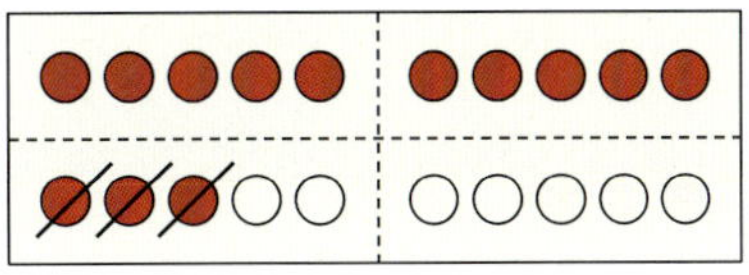

13 − 5 = ___
13 − 3 − ___ = ___

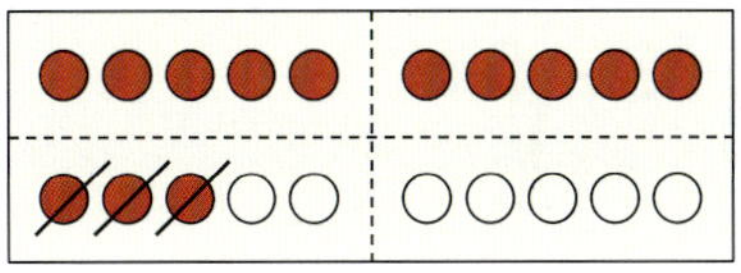

13 − 7 = ___
13 − 3 − ___ = ___

c)

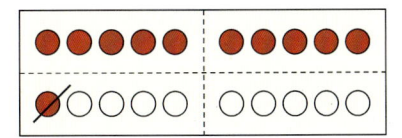

11 − 3 = ___
11 − 1 − ___ = ___

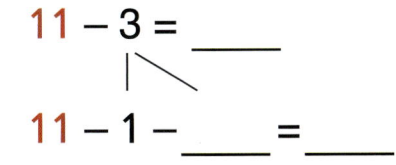

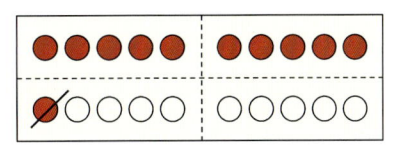

11 − 5 = ___
11 − 1 − ___ = ___

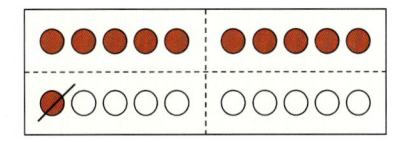

11 − 4 = ___
11 − 1 − ___ = ___

Aufgaben in das Zwanzigerfeld legen. Handlungen verbalisieren. Fragen stellen wie „Warum werden zuerst vier abgezogen?" „Warum werden dann zwei abgezogen?" „Wo kommt die Zwei her?"

W1

Zwischenstopp bei 10 (−)

SB S. 89 (AA)/S. 87 (BY)

① Lege. Welche Rechnung passt zum Bild? Male und rechne.

16 − 8 = ___	16 − 8 = ___
16 − 6 − 2 = ___	16 − 4 − 4 = ___

14 − 7 = ___	14 − 7 = ___
14 − 5 − 2 = ___	14 − 4 − 3 = ___

15 − 7 = ___	15 − 7 = ___
15 − 5 − 2 = ___	15 − 3 − 4 = ___

13 − 5 = ___	13 − 5 = ___
13 − 3 − 2 = ___	13 − 4 − 1 = ___

11 − 4 = ___	11 − 4 = ___
11 − 1 − 3 = ___	11 − 2 − 2 = ___

12 − 5 = ___	12 − 5 = ___
12 − 2 − 3 = ___	12 − 3 − 2 = ___

Die Aufgaben am Rechenrahmen (vgl. Download „Arbeitsmittel") **nicht** zählend überprüfen.

W1

Rechenwege und Rechentricks

SB S. 90 (AA)/S. 88 (BY)

3 + 8 = 11
8 + 3 = 11
Amelie

Tauschaufgabe

8 + 5 = 13
  2   3
Leon

Zwischenstopp bei 10

1 Rechne wie Amelie.

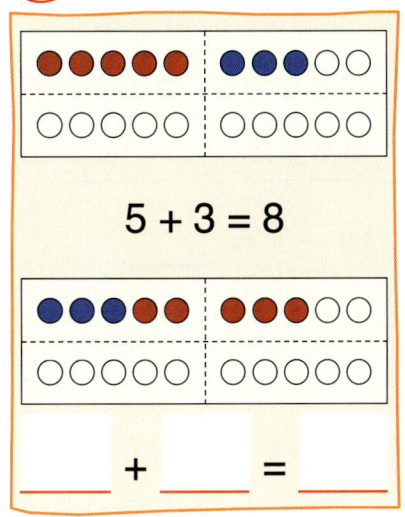

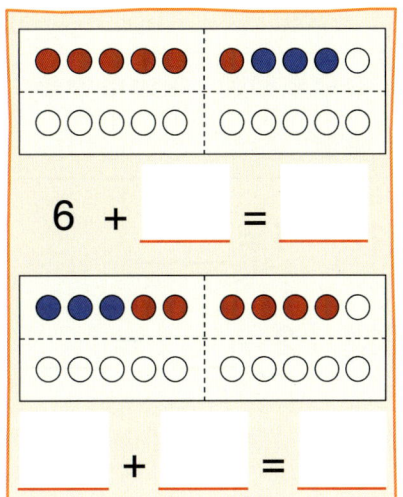

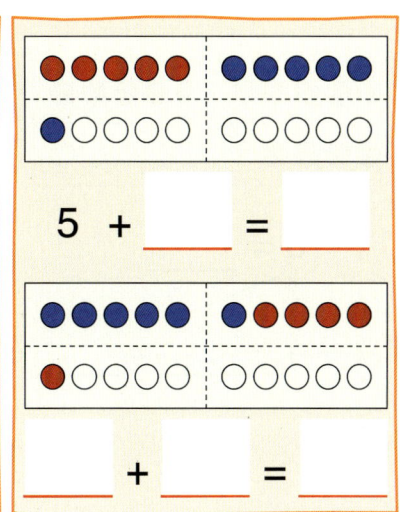

5 + 3 = 8

___ + ___ = ___

6 + ___ = ___

___ + ___ = ___

5 + ___ = ___

___ + ___ = ___

2 Rechne wie Leon. Male.

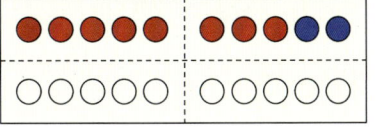

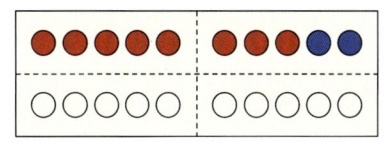

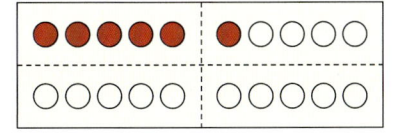

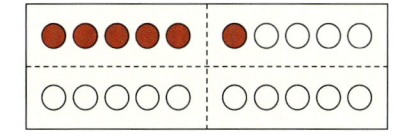

8 + 3 = ___
8 + 2 + ___ = ___

8 + 6 = ___
8 + 2 + ___ = ___

8 + 4 = ___
8 + 2 + ___ = ___

6 + 8 = ___
6 + 4 + ___ = ___

6 + 5 = ___
6 + 4 + ___ = ___

6 + 7 = ___
6 + 4 + ___ = ___

In Partnerarbeit Aufgaben verbalisieren und mit Material beweisen.

W1

Rechenwege und Rechentricks

SB S. 91 (AA)/S. 89 (BY)

15 − 7 = 8
 ╱ ╲
 5 2

Henrik

Zwischenstopp bei 10

① Streiche durch und rechne.

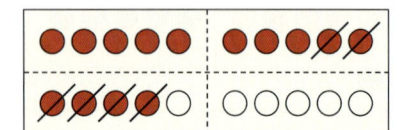

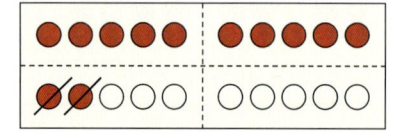

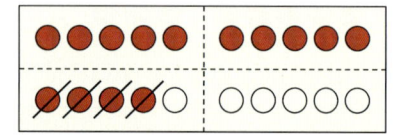

14 − 6 = ___
14 − 4 − 2 = ___

12 − 6 = ___
12 − 2 − ___ = ___

14 − 7 = ___
14 − 4 − ___ = ___

② Rechne wie Henrik.

13 − 6 = ___
13 − 3 − ___ = ___

13 − 7 = ___
13 − 3 − ___ = ___

13 − 8 = ___
13 − 3 − ___ = ___

③ Wo machst du einen Zwischenstopp bei 10? Kreuze an.

15 − 6 = ___ ☐
15 − 2 = ___ ☐

16 − 7 = ___ ☐
16 − 2 = ___ ☐

In Partnerarbeit Aufgaben verbalisieren und mit Material beweisen.

Spannendes am Geobrett

SB S. 92 (AA)/S. 90 (BY)

Meine Figur sieht aus wie ein Dach.

Ich spanne ein Haus.

1 a) Spanne nach. Zeichne mit der Hand oder mit dem Lineal.

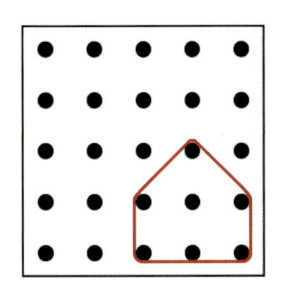

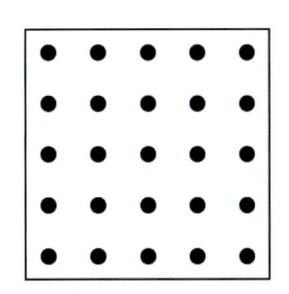

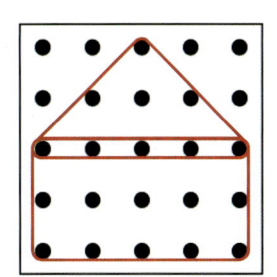

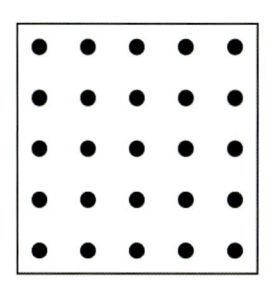

b) Spanne und zeichne eigene Häuser ins Heft.

2 Spanne und zeichne.

a) Boote

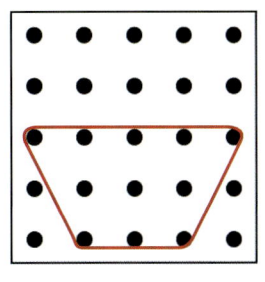

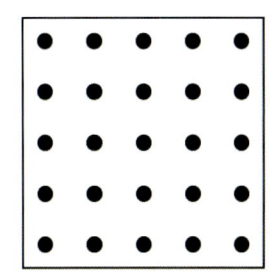

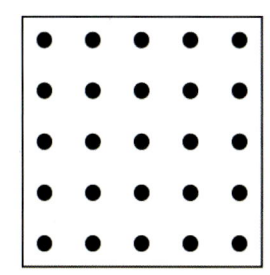

b) Tiere

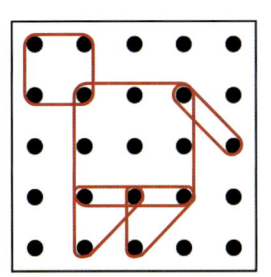

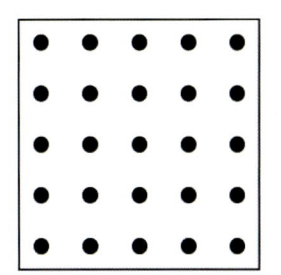

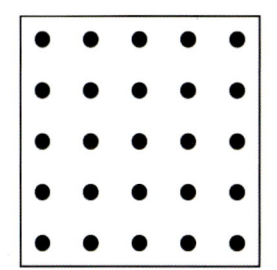

Eigene Figuren spannen und dazu zeichnen (KV mit leeren Geobrettern s. Download KV 32 und 33).

Spannendes am Geobrett

SB S. 93 (AA)/S. 91 (BY)

① a) Spanne verschiedene Vierecke nach. Zeichne.

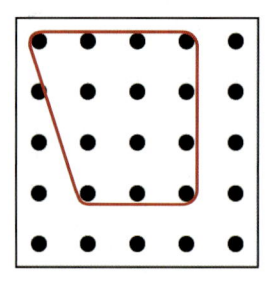

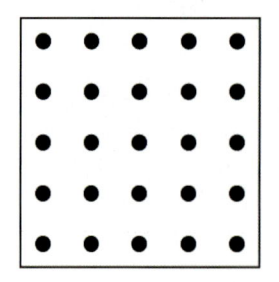

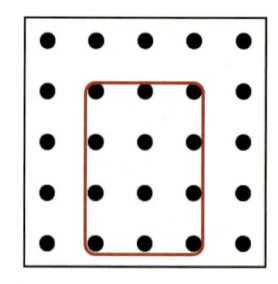

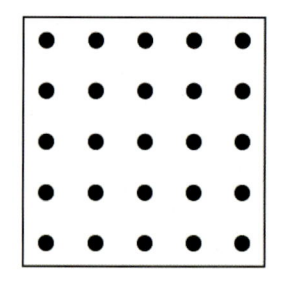

b) Spanne ein Viereck mit 4 gleich langen Seiten.

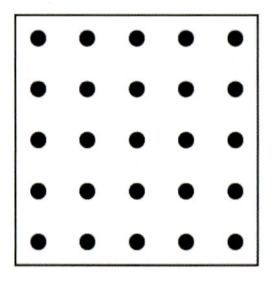

Diese besonderen Vierecke heißen **Quadrate**.

② Spanne kleine und große Dreiecke.

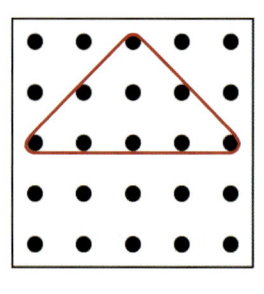

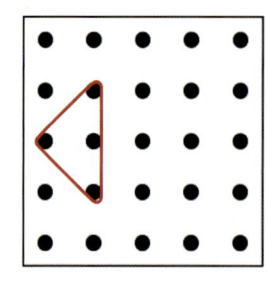

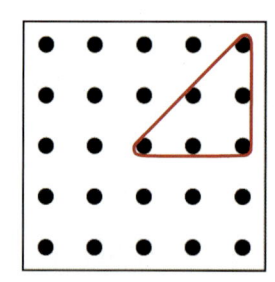

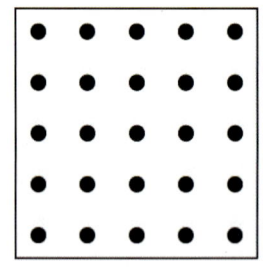

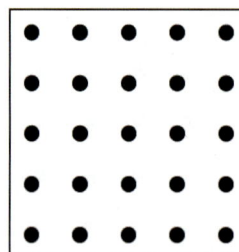

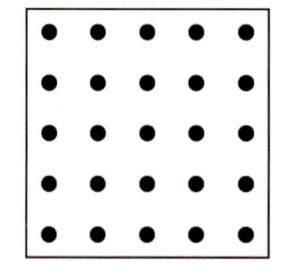

③ Spanne eine Figur. Dein Partnerkind spiegelt sie.

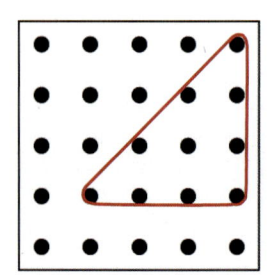

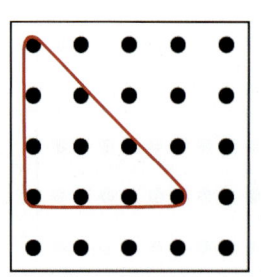

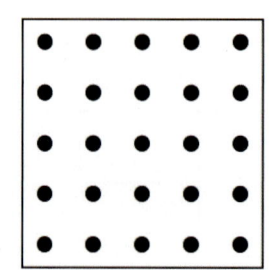

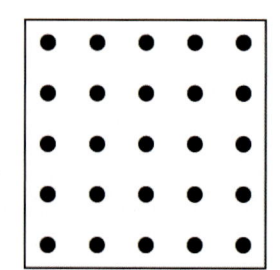

Eigene Figuren spannen und dazu zeichnen (KV mit leeren Geobrettern s. Download KV 32 und 33).

Rot oder blau? – Kugeln ziehen

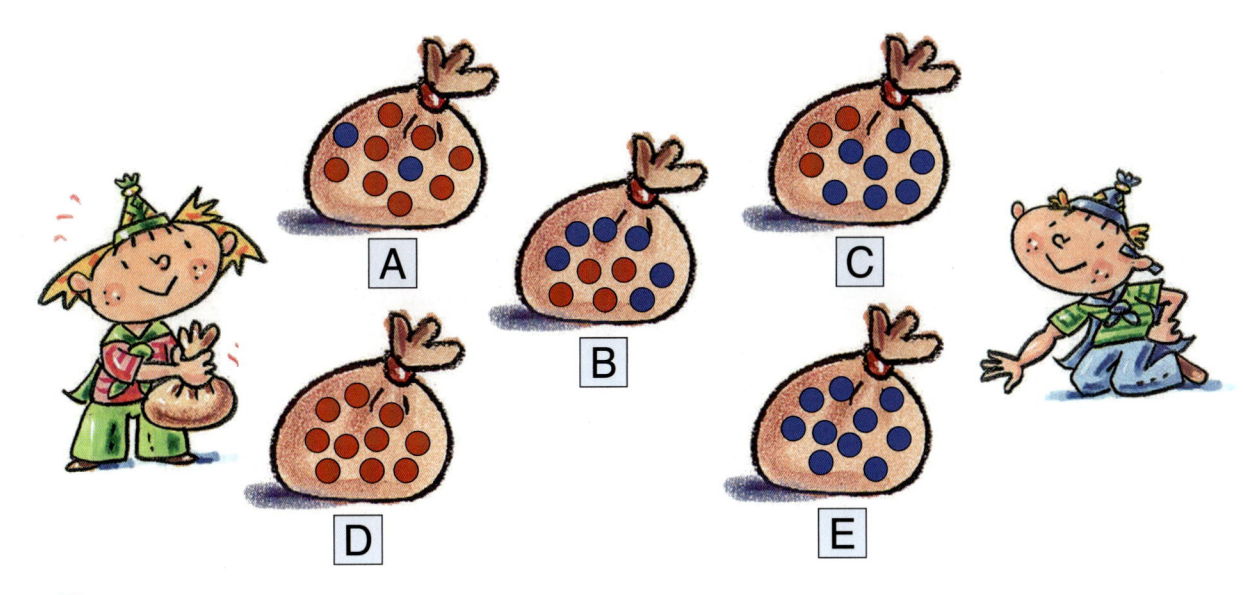

SB S. 94 (AA)

① **Was stimmt? Male an.**

In Säckchen A sind mehr rote Kugeln als blaue.

In Säckchen E sind nur rote Kugeln.

In Säckchen D sind nur rote Kugeln.

In Säckchen B sind mehr blaue Kugeln als rote.

② **Befülle Säckchen mit 10 Kugeln wie oben.**

Nimm Säckchen A. Zieh eine Kugel, schreibe auf. Lege die Kugel zurück ins Säckchen. Wiederhole dies mehrmals.

Wo sind mehr Striche? Kreuze an.
Verfahre so auch mit den Säckchen B, C, D und E.

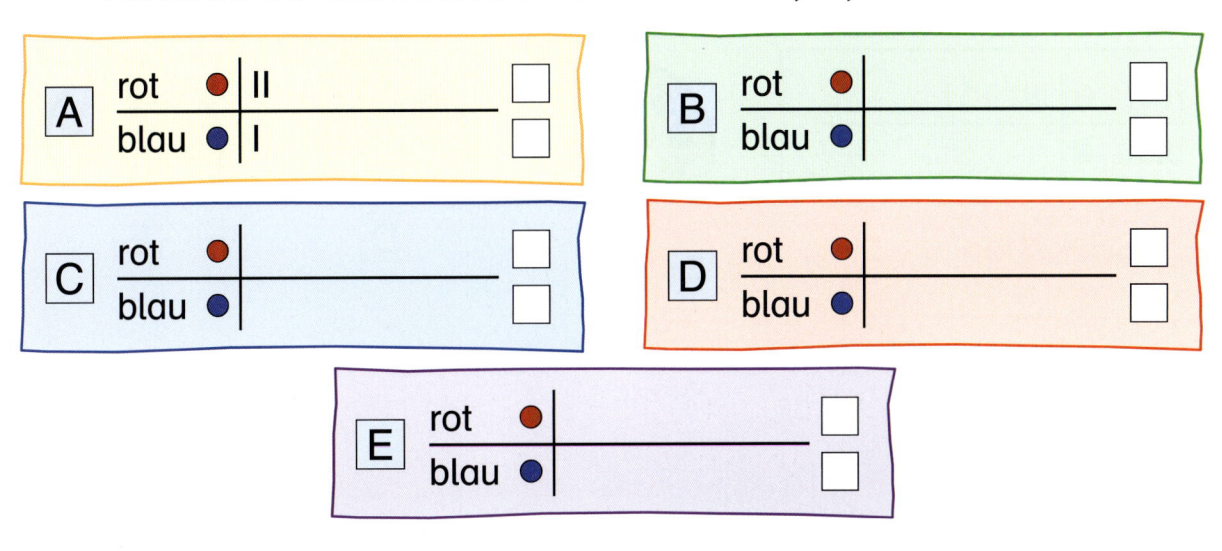

A	rot ●	II	
	blau ●	I	

B	rot ●		
	blau ●		

C	rot ●		
	blau ●		

D	rot ●		
	blau ●		

E	rot ●		
	blau ●		

W4 97

Rot oder blau? – Kugeln ziehen

SB S. 95 (AA)

① Bim möchte eine blaue Kugel ziehen. Welches Säckchen soll er nehmen? Kreise ein.

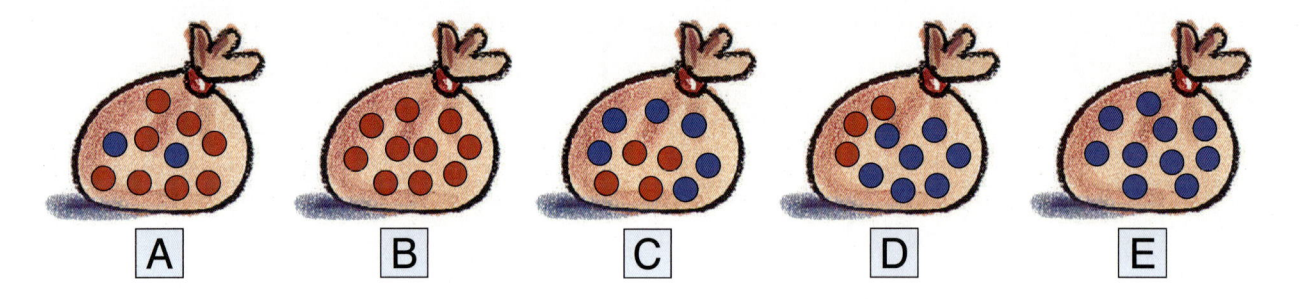

A   B   C   D   E

② Simsala hat gezogen und aufgeschrieben. Welches Säckchen könnte es sein?

a)

rot ●	
blau ●	|||| |||

Säckchen ____

A   B

b)

rot ●	|||| ||||	
blau ●	

Säckchen ____

C   D   E

Weitere Säckchen befüllen und Strichlisten anfertigen (s. Download KV 34).

W4

Plus

SB S. 96 (AA)/S. 94 (BY)

Simsala hat 10 Murmeln. Sie **legt** noch 5 **dazu**.

schenkt · kauft · legt dazu · gewinnt · kommen dazu · plus

1 Rechne.

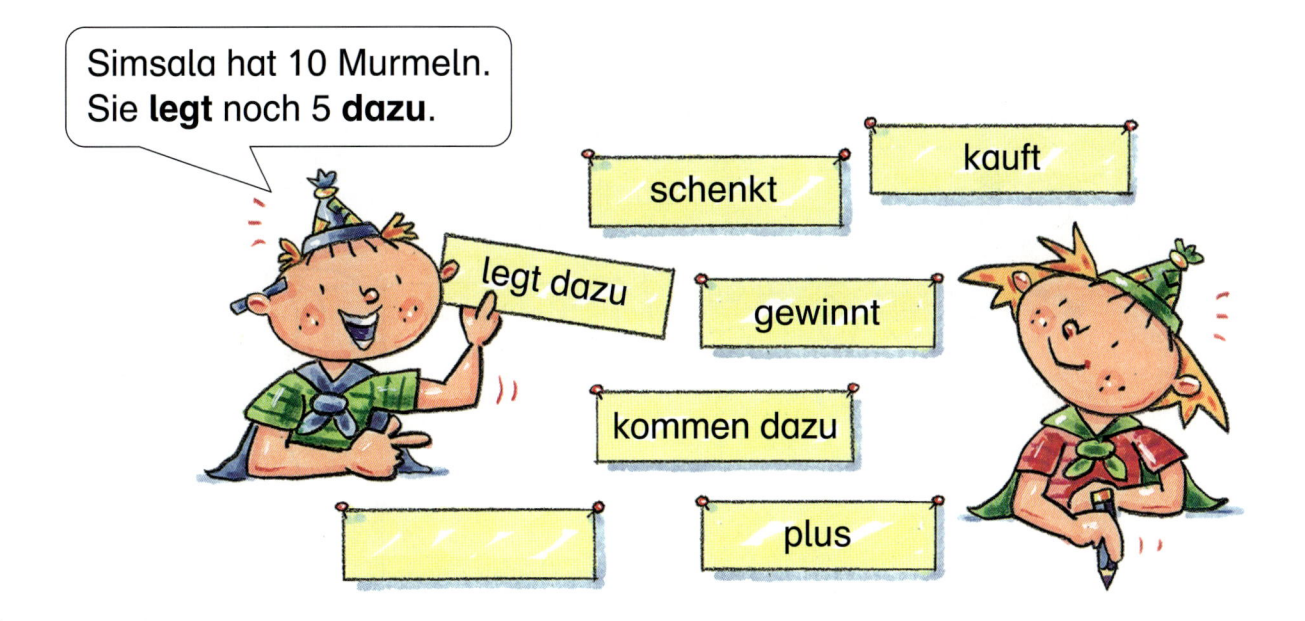

a) Max hat 3 €.
Sein Opa schenkt ihm 5 €.
Wie viel Geld hat er nun?

_3 €_

b) Zwölf Kinder sitzen im Bus.
3 Kinder kommen noch dazu.
Wie viele sind es jetzt?

_12_

Weitere Plusgeschichten malen und aufschreiben. Die Wörter von oben können dabei helfen.

Minus

SB S. 97 (AA)/S. 95 (BY)

5 Kinder sitzen im Bus.
1 Kind **steigt aus**.

steigt aus
nimmt weg
verliert
trinkt leer
minus

① Rechne.

Es sind 10 Würstchen.
3 nimmt der Hund weg.
Wie viele sind es dann noch?

Es sind 9 Blumen.
Der Junge nimmt 3 weg.
Wie viele sind es dann noch?

In der Kiste sind 20 Flaschen.
Anne trinkt 5 Flaschen leer.
Wie viele sind noch voll?

Weitere Minusgeschichten malen und aufschreiben. Die Wörter von oben können dabei helfen.

W1

Grundwissen ④

SB S. 98 (AA)/S. 96 (BY)

① Lege und rechne.

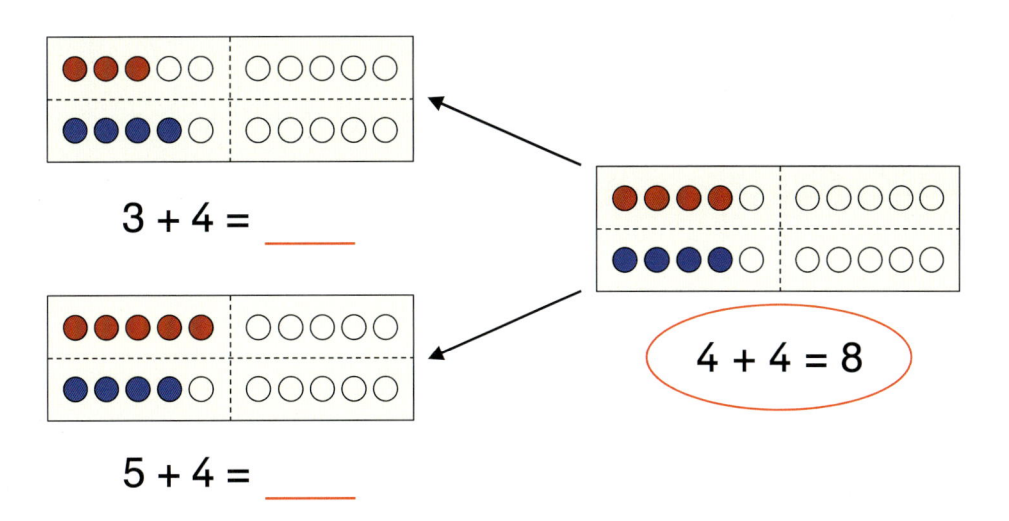

3 + 4 = ____

4 + 4 = 8

5 + 4 = ____

② Lege, male und rechne.

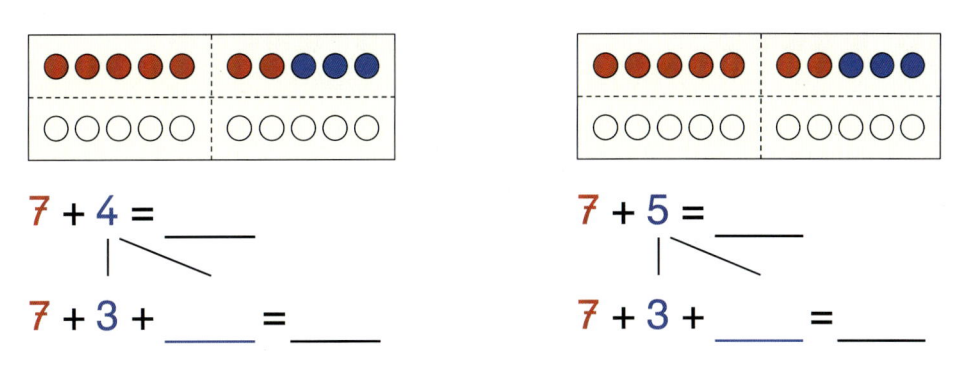

7 + 4 = ____
 | \
7 + 3 + ____ = ____

7 + 5 = ____
 | \
7 + 3 + ____ = ____

③ Rechne.

Simone hat 2 €.
Ihre Oma schenkt ihr 5 €.
Wie viel Geld hat sie nun?

2 € _____

Grundwissen 4

SB S. 99 (AA)/S. 97 (BY)

1 Lege und rechne.

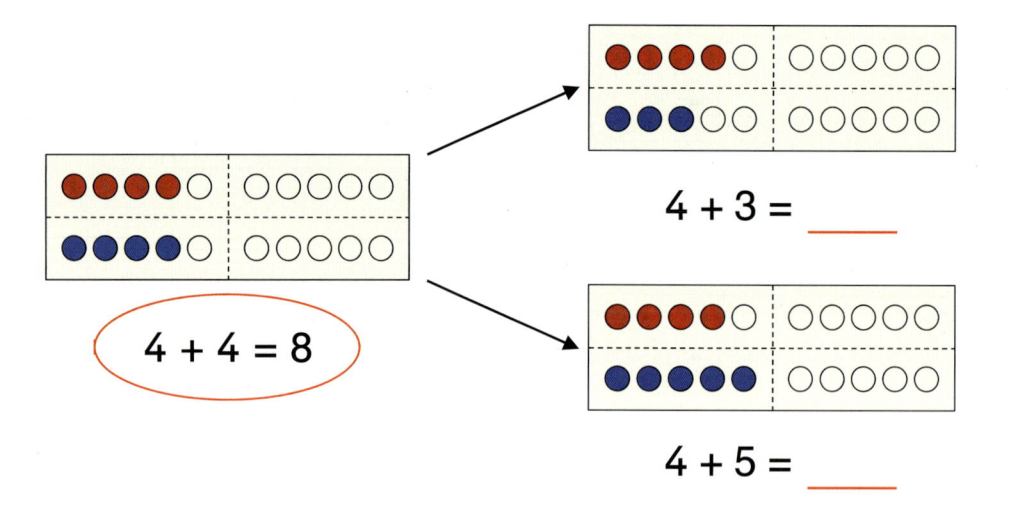

4 + 4 = 8

4 + 3 = ___

4 + 5 = ___

2 Lege, streiche durch und rechne.

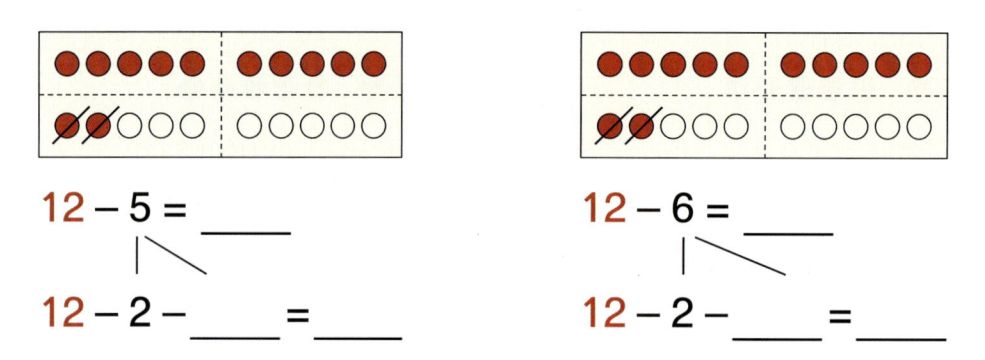

12 − 5 = ___
12 − 2 − ___ = ___

12 − 6 = ___
12 − 2 − ___ = ___

3 Rechne.

Es sind 6 Blumen.
Das Mädchen nimmt 3 weg.
Wie viele sind es dann noch?

6

Wege zum Piratenschatz

SB S. 100 (AA)/S. 98 (BY)

rechts von · vor · hinter · ? · auf · über · links von · unter

① Wo ist der Schatz versteckt? Beschreibe.

② Ergänze.

Der Tiger liegt _____ der Palme.

Die Schnecke sitzt _____ dem Stein.

Der Baum steht _____ dem Zaun.

Wege zum Piratenschatz

SB S. 101 (AA)/S. 99 (BY)

① Male:

- ein Mädchen links neben den 🦆.

- einen Vogel auf den 🌳.

- einen Mann in den 🍦.

- einen Ballon über die ⛰️.

- eine Katze unter den ⛱️.

- dich selbst.

Bild zeichnen und für andere Kinder Anweisungen (wo etwas hingelegt werden soll) schreiben.

Unser Geld: Euro (€)

SB S. 102 (AA)/S. 100 (BY)

€
Euro

① Vergleiche die Geldscheine.

② Markiere den passenden Geldschein in der richtigen Farbe.

5 €

10 €

20 €

③ Vergleiche die Münzen.

④ Wie viel Geld ist es? Schreibe auf.

a) 7 €

b) _____

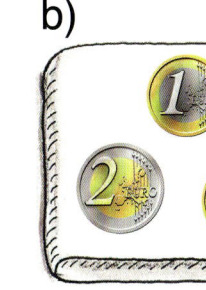

c) _____

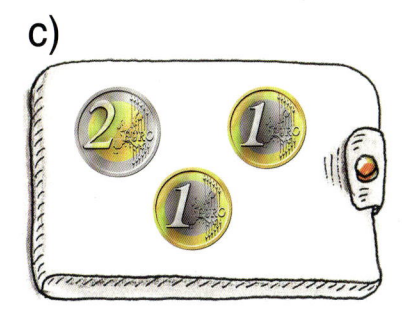

Geldbeträge selbstständig legen. Geldbeträge benennen. Auch nach Anweisung legen.

W3 105

Unser Geld: Euro (€)

SB S. 103 (AA)/S. 101 (BY)

① Male den Geldbetrag mit passenden Geldscheinen und Münzen.

3 €

6 €

12 €

② Vergleiche: mehr, weniger, gleich viel.
Schreibe mit >, <, =.

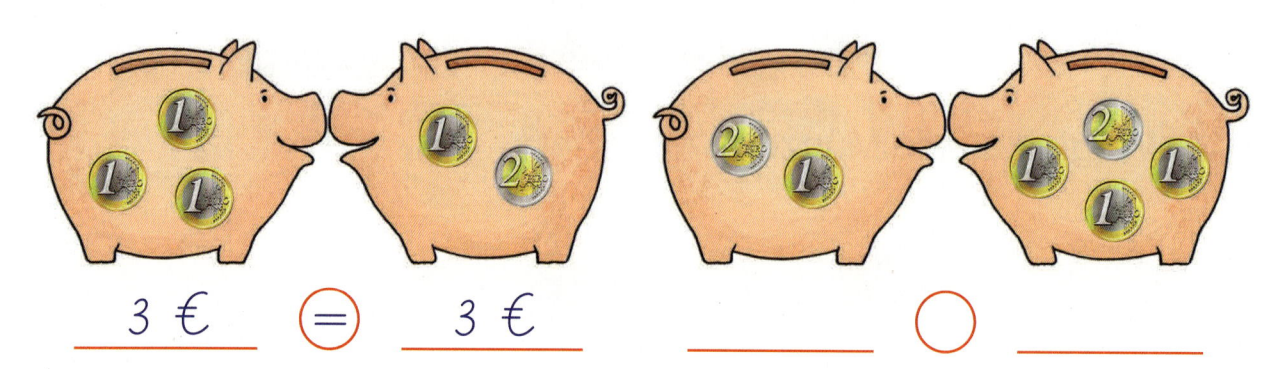

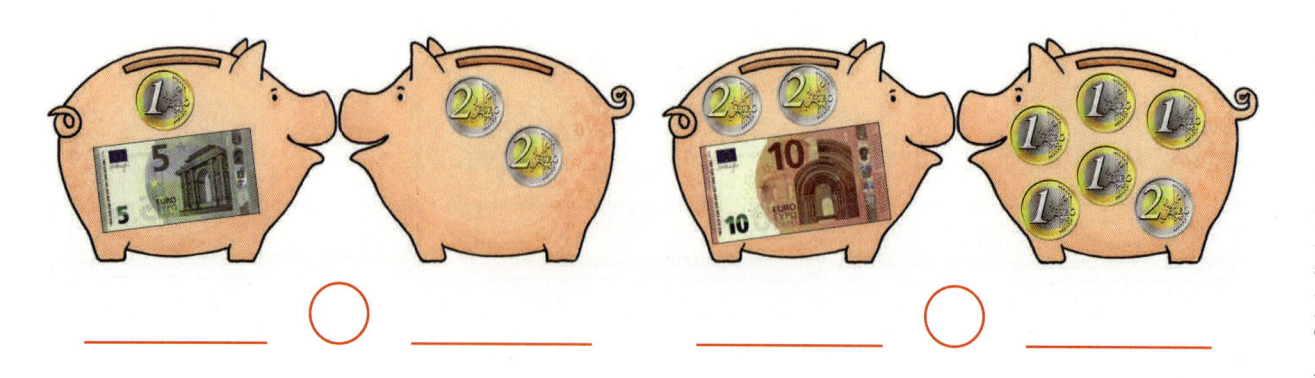

3 € = 3 €   ____ ○ ____

____ ○ ____   ____ ○ ____

Bei Nr. 1 können Geldbeträge auch aufgeklebt bzw. umfahren werden.

Einkaufen und bezahlen

SB S. 104 (AA)/S. 102 (BY)

① Erzähle zum Bild.

② Wie viel kosten die Dinge?

Wie viel kostet der Kleber?

Der Kleber kostet _____ € .

Wie viel kostet das Buch?

Das Buch kostet _____ .

Wie viel kostet der Spitzer?

Der Spitzer kostet _____ .

③ Wie viel kosten die Dinge zusammen?

a) _____

b) _____

c) _____

d) _____

e) Was kaufst du? Was kostet es?

Preisschilder selbst gestalten und Dingen zuordnen. Flohmarkt spielen.

Einkaufen und bezahlen

SB S. 105 (AA)/S. 103 (BY)

① Wie kannst du bezahlen? Male.

② Wie viel bekommt ihr zurück? Spielt und schreibt auf.

a) Ich kaufe: Ich gebe:    Rechnung: Zurück:

 7 €   10 €   ___ €

Ich rechne so:
10 € − 7 € = ___ €

Ich rechne so:
7 € + ___ € = 10 €

b) Ich kaufe:    Ich gebe:    Rechnung: Zurück:

 ___   10 €   _____   ___ €

c) Ich kaufe: Ich gebe:    Rechnung: Zurück:

 ___   10 €   _____   ___ €

Plakate mit ausgeschnittenen Bildern und verschiedenen Preisen gestalten.

Unser Geld: Cent (ct)

SB S. 106 (AA)/S. 104 (BY)

1 Vergleiche die Münzen.
Welche Rückseite gehört zu welcher Münze? Verbinde.
Schraffiere Vorder- und Rückseite der Münzen in dein Heft.

2 Lege die Geldbeträge. Male oder klebe auf.

2 ct

4 ct

8 ct

15 ct

21 ct

Spielidee s. SB 1 AA, S.106 Nr. 3 bzw. SB 1 BY, S. 104 Nr. 3 „10 erreicht – gewonnen!"

W3   109

Unser Geld: Cent (ct)

SB S. 107 (AA) / S. 105 (BY)

① Wie viel Geld ist es? Lege und zähle.

a) 12 ct

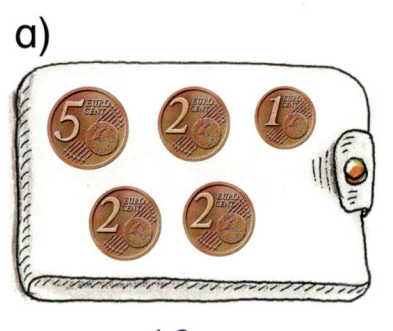

b) _____

c) _____

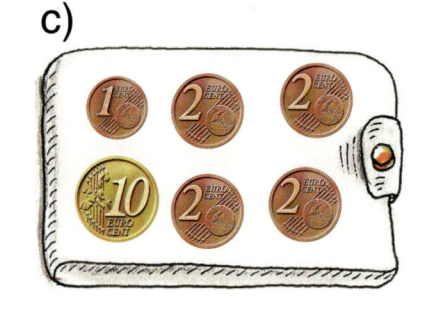

② Hier kannst du schneller zählen. Erkläre.

a) 16 ct

b) _____

c) _____

③ Lege für dein Partnerkind einen Geldbetrag so, dass es schnell zählen kann.

④ Welche Münze fehlt? Ergänze sie.

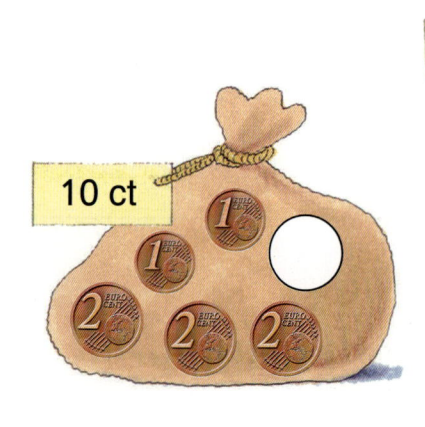

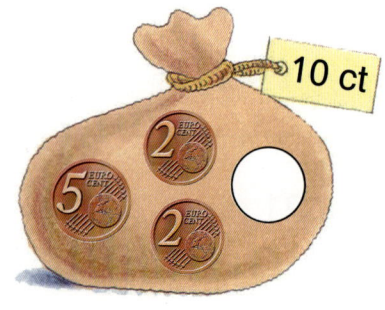

10 ct   10 ct   10 ct

Spielidee: Viele Münzen auf den Tisch legen. Innerhalb einer vorgegebenen Zeit z. B. nur 5-Cent-Stücke finden.

Vor- und rückwärts auf dem Zahlenstrahl SB S. 108 (AA)/S. 106 (BY)

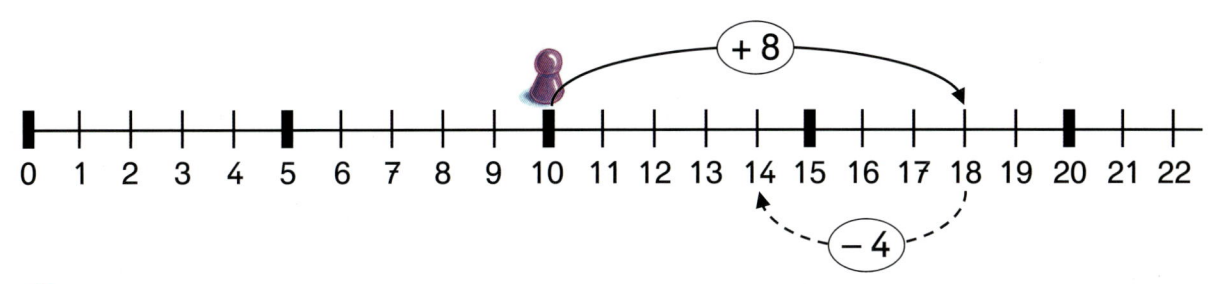

① **Spiel:**

Nehmt einen Zahlenstrahl.
Startet bei 10. Zieht immer eine
Plus- und eine Minuskarte. Springt.
Wer erreicht die größte Zielzahl?
Spielt auch mit anderen
Startzahlen.

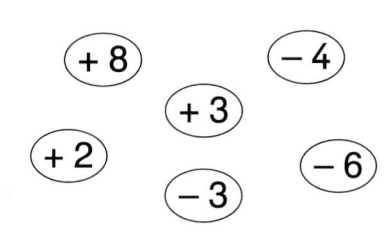

+8   −4
  +3
+2   −6
  −3

② Wie heißt die Zielzahl? Zeichne deinen Sprung.

1 (+4) = ___

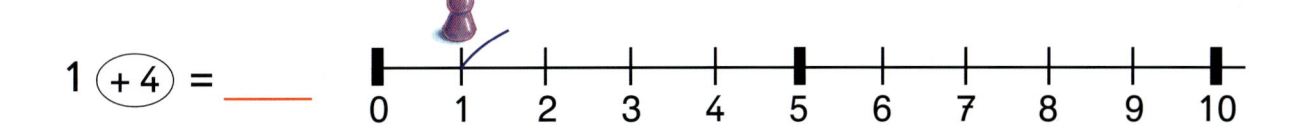

3 (+2) = ___

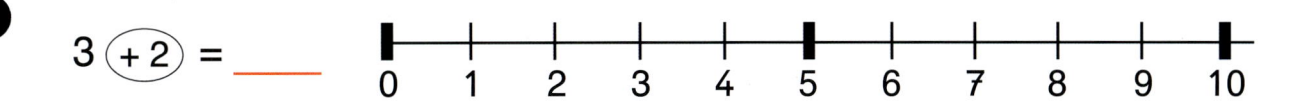

7 (+3) = ___

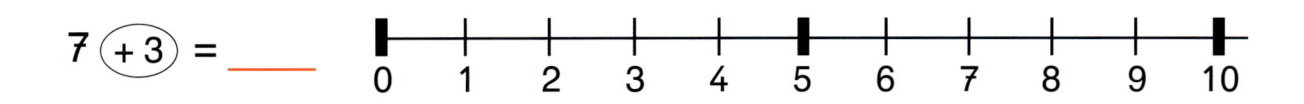

8 (+2) = ___

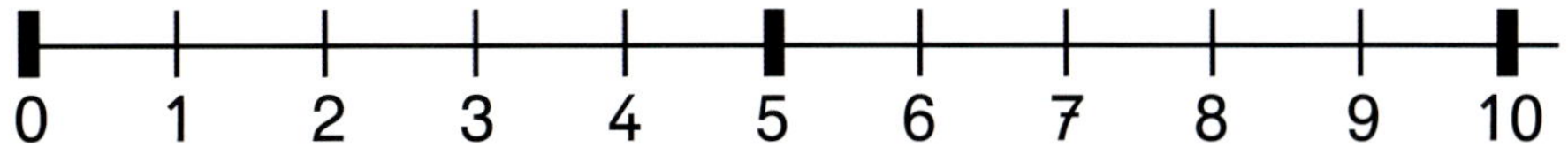

Weitere Sprünge auf einem vorgegebenen Zahlenstrahl ins Heft zeichnen.

Vor- und rückwärts auf dem Zahlenstrahl   SB S. 109 (AA)/S. 107 (BY)

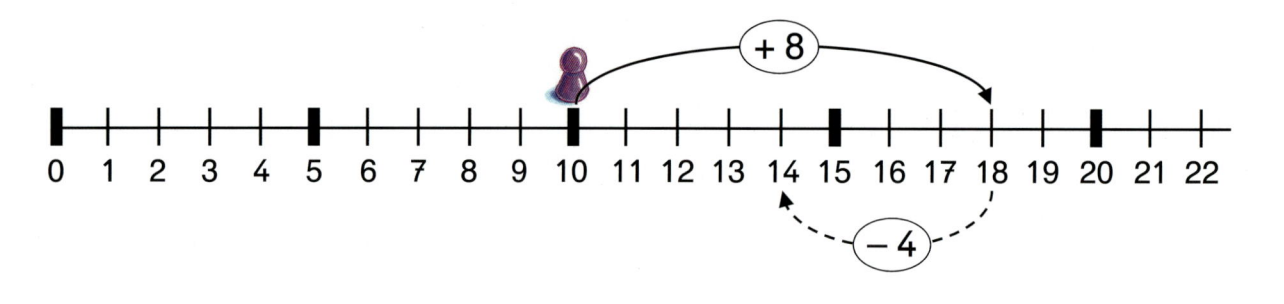

1 Wie heißt die Zielzahl? Zeichne deinen Sprung.

10 (−1) = ___

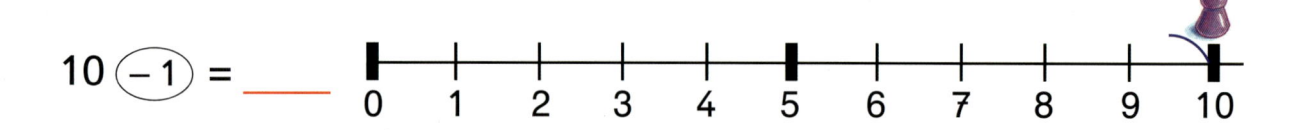

9 (−3) = ___

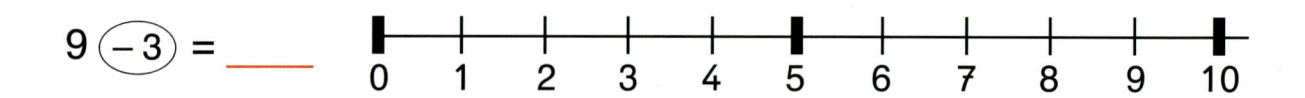

4 (−4) = ___

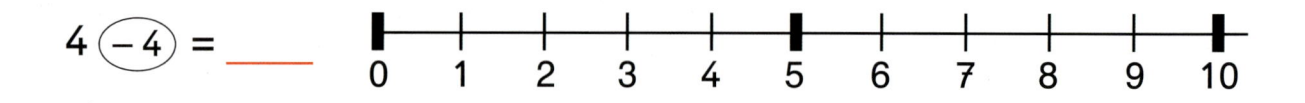

7 (−6) = ___

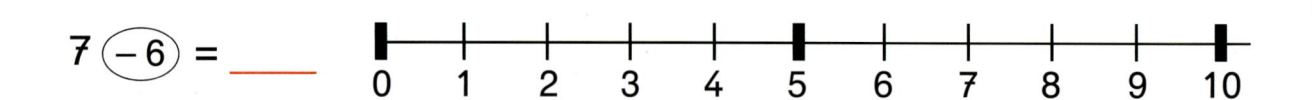

2 Plus oder minus? Trage ein.

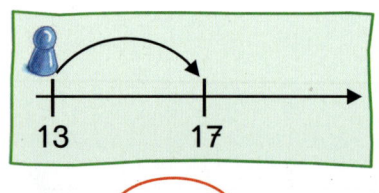

_13_ (+ 4) = _17_ 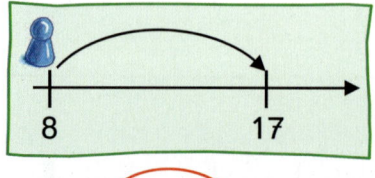   _8_ (9) = _17_ 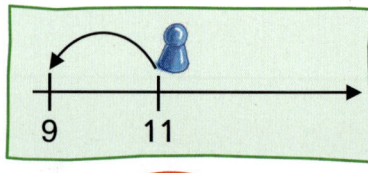   _11_ (2) = _9_

Weitere Sprünge auf einem vorgegebenen Zahlenstrahl ins Heft zeichnen.

Rechenrätsel mit Murmeln

SB S. 110 (AA)/S. 108 (BY)

① Wie viele Murmeln waren im Sack?

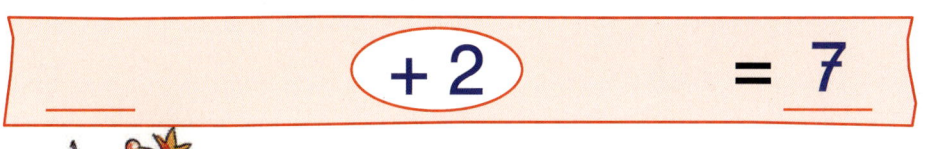

Ich habe einige Murmeln im Sack.

Ich gebe 2 dazu.

Jetzt habe ich 7.

___ + 2 = 7

Warum schreibt Simsala so?

Beim Rechnen hilft mir die Umkehraufgabe.

② Welche Aufgabe passt zum Rätsel? Verbinde.

Ich habe einige Murmeln im Sack. Ich gebe 3 dazu. Nun habe ich 8.

Ich habe einige Murmeln im Sack. Ich nehme 5 weg. Jetzt habe ich 5.

Ich habe einige Murmeln im Sack. Ich gebe 6 dazu. Nun habe ich 8.

Ich habe einige Murmeln im Sack. Ich nehme 2 heraus. Nun habe ich 4.

___ + 6 = 8

___ − 2 = 4

___ + 5 = 6

___ − 5 = 5

___ + 3 = 8

Aufgaben mit Murmeln nachlegen und dazu verbalisieren. Rätsel erfinden lassen (Vorlage für Rätsel s. Download KV 35).

Rechenrätsel mit Murmeln

SB S. 111 (AA)/S. 109 (BY)

1 Was ist passiert?

Ich habe 10 Murmeln im Sack.

Simsalabim.

Nun sind es 9.

10 – __ = 9

Warum schreibt Bim so?

2 Plus oder minus? Ergänze die Rechnungen.

Es sind 8 Murmeln im Sack.
Simsalabim.
Nun sind es 10.

8 ◯ = 10

Es sind 9 Murmeln im Sack.
Simsalabim.
Nun sind es 7.

9 ◯ = 7

Es sind 3 Murmeln im Sack.
Simsalabim.
Nun sind es 5.

3 ◯ = 5

Es sind 4 Murmeln im Sack.
Simsalabim.
Nun sind es 6.

4 ◯ = 6

Aufgaben mit Murmeln nachlegen und verbalisieren. Selbst Rätsel erfinden (Vorlage für Rätsel s. Download KV 35).

Kennst du die Uhr?

SB S. 112 (AA)/S. 110 (BY)

① Dein Tagesablauf:
Wo stehen die Zeiger, wenn du …

Nimm als Zeiger Streichhölzer.

… aufstehst?

… ins Bett gehst?

… in die Schule gehst?

… zu Mittag isst?

Schreibe oder male deinen Tagesablauf ins Heft.

② Wie viel Uhr ist es, wenn du …?

a) … aufstehst?
____ Uhr

b) … dich mit Freunden triffst?
____ Uhr

c) …?
____ Uhr

Ganze Stunden an einer Spieluhr einstellen, dazu verbalisieren und erzählen, was man zu dieser Uhrzeit tut (weitere Bildkarten s. Download KV 36).

Kennst du die Uhr?

S B S. 113 (AA)/S. 110 (BY)

vormittags: 11 Uhr
abends: 23 Uhr

☀ _11_ Uhr
🌙 _23_ Uhr

① Kennst du diese Uhrzeiten?
Verbinde die Tageszeit mit der Nachtzeit.

| ☀ 9 Uhr | ☀ 15 Uhr | ☀ 10 Uhr | ☀ 14 Uhr |

| 🌙 2 Uhr | 🌙 22 Uhr | 🌙 21 Uhr | 🌙 3 Uhr |

② Was machst du an diesem Tag um diese Uhrzeit?
Male oder schreibe.

Montag

☀ ____ Uhr

Türme bauen

SB S. 114 (AA)/S. 112 (BY)

① a) Baue Dreiertürme aus diesen Steinen: 
Jede Farbe darf nur einmal vorkommen.
Wie viele verschiedene Türme können es werden?

Male:

b) Wie kannst du deine Türme ordnen?
Hast du alle gefunden?

c) Vergleiche deine Ergebnisse mit anderen.

Dreiertürme mit nur zwei Farben bauen und sortieren.

Türme bauen

SB S. 115 (AA)/S. 113 (BY)

① Du hast diese Steine:

Baue Viererttürme. Jede Farbe darf nur einmal vorkommen.
Wie viele verschiedene Türme kannst du bauen?
Findest du alle?

Male deine Türme auf.

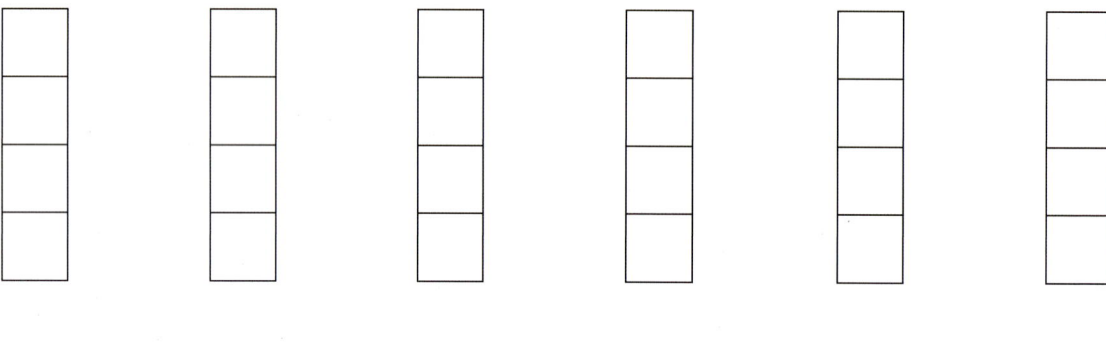

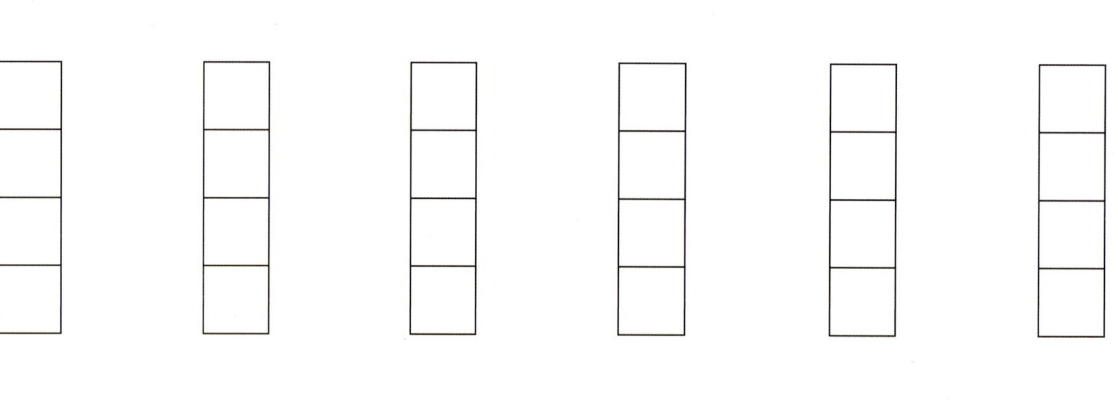

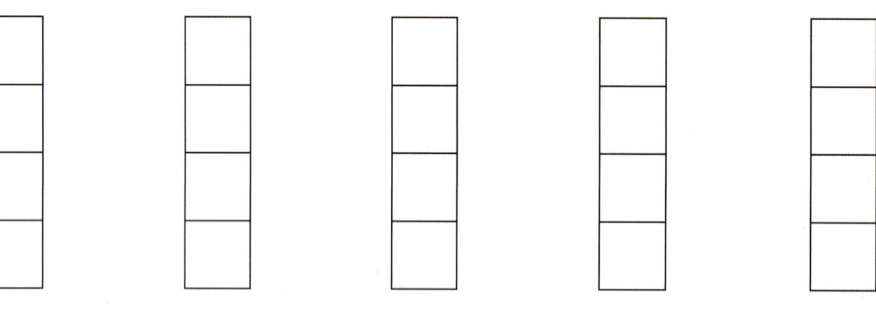

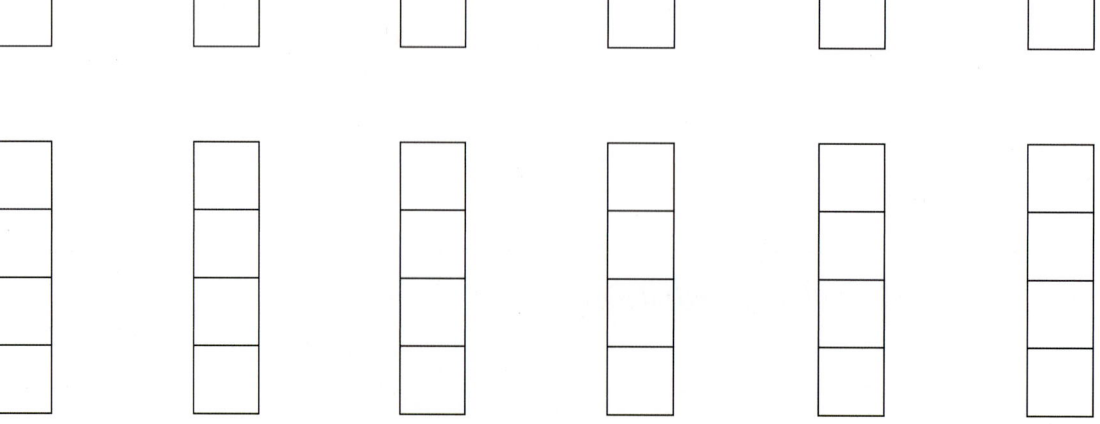

Türme auf Notizblockzettel zeichnen (jeder Turm bekommt einen eigenen Zettel), anschließend ordnen.
Die geordneten Türme auf dieses Blatt übertragen. Ordnung begründen.

W4

Knobelelefanten

SB S. 116/117

1 Finde die fehlende Zahl. Kreise sie ein und schreibe auf.

Reihe 1: 1, 1, 2, 3, 5
Reihe 2: 2, 1, 3, 4, ☐
Reihe 3: 2, 2, 4, ☐, 10

Kinder mit Zahlenkarten: 2, 1, 7 und 6, 3

2 Wie heißen die fehlenden Zahlen? Trage sie ein.

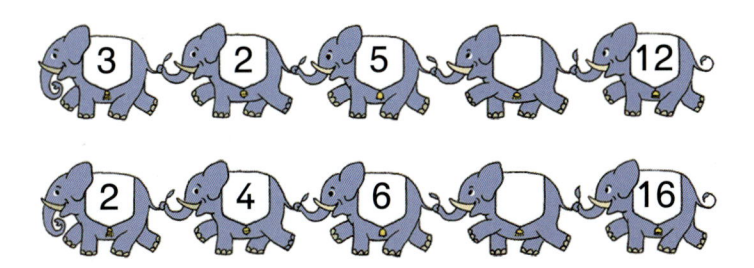

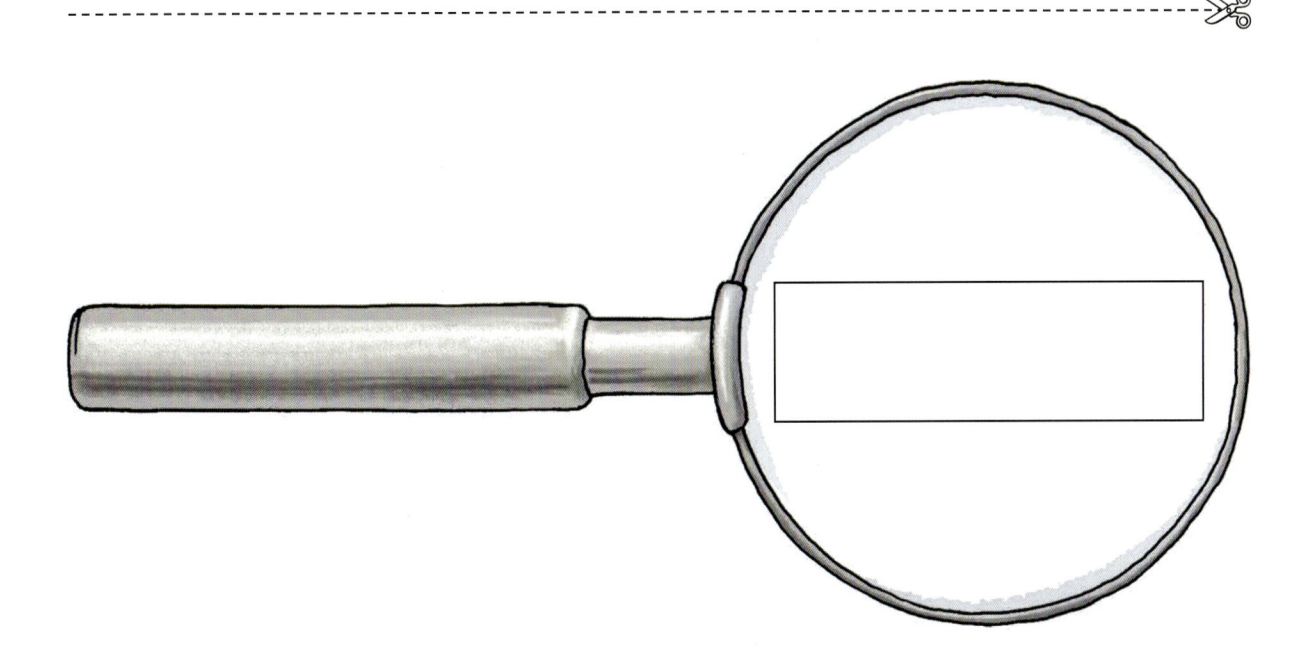

Reihe 1: 3, 2, 5, ☐, 12
Reihe 2: 2, 4, 6, ☐, 16

Lupe ausschneiden. Mithilfe der Lupe genau 3 Elefanten in den Blick nehmen und untersuchen.
Blanko-Elefanten s. Download KV 38.

W1

Rechendreiecke

SB S. 118/119

① Wie rechnen die Kinder? Erkläre.

② Löse die Rechendreiecke.

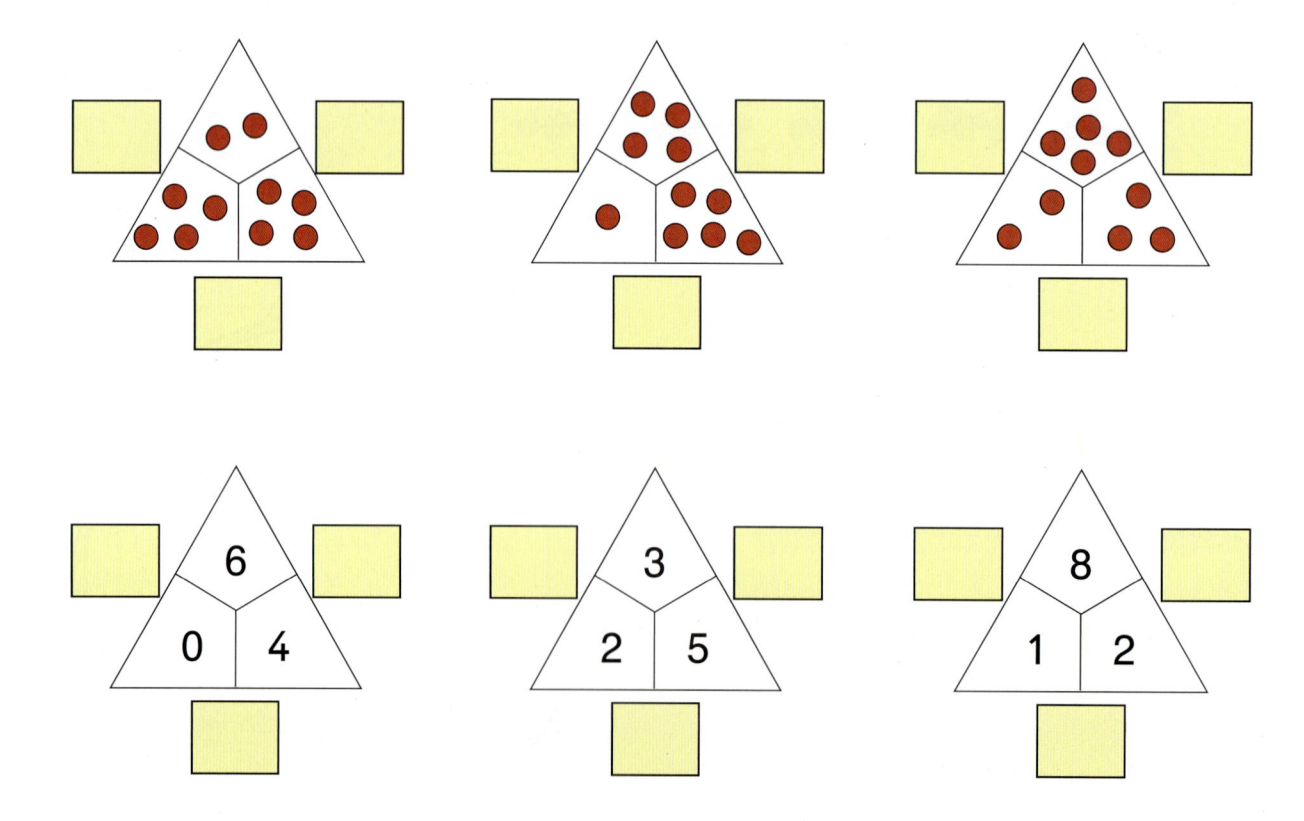

120 Blanko-Rechendreiecke s. Download KV 39 und 40. Weitere Aufgaben mit den Plättchen in das große Rechendreieck legen und erklären.

W1

Auf dem Planeten der Mathener

SB S. 120/121

① Hier sind 3 Mathener. Woran erkennt man sie?
Baue Mathener.

- 4 | 1, 3
- 9 | 4, 5
- 7 | 3, 4

② Diese Figuren wollen Mathener werden.

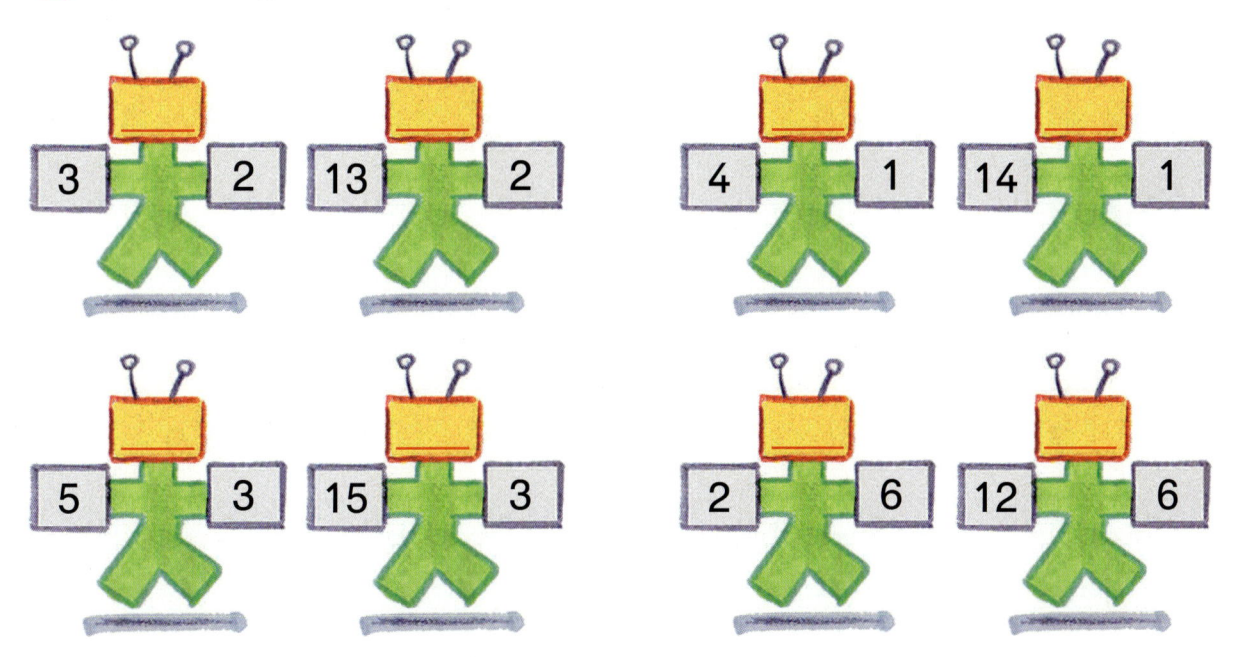

- __ | 3, 2
- __ | 13, 2
- __ | 4, 1
- __ | 14, 1
- __ | 5, 3
- __ | 15, 3
- __ | 2, 6
- __ | 12, 6

③ Achtung, falsche Mathener. Streiche durch und verbessere.

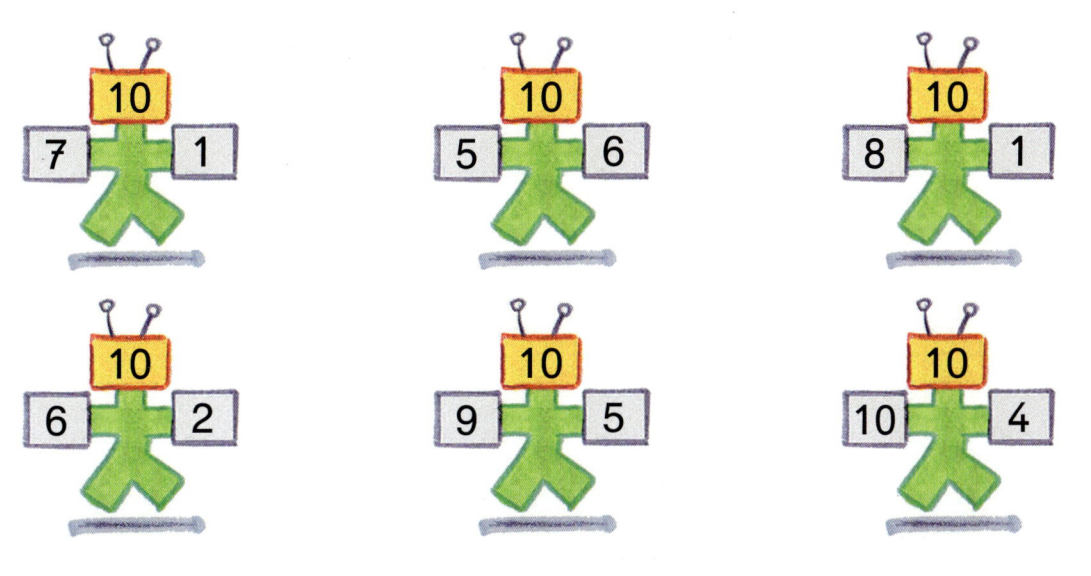

- 10 | 7, 1
- 10 | 5, 6
- 10 | 8, 1
- 10 | 6, 2
- 10 | 9, 5
- 10 | 10, 4

Selbst echte Mathener zeichnen.

W1

Abschied von der 1. Klasse – Grundwissen ⑤   SB S. 122

① Rechne.

4 = 2 + ___   6 = 3 + ___
10 = 6 + ___   7 = 5 + ___
15 = 5 + ___   5 = 4 + ___

Schöne Ferien!

② Verdopple.

2 + 2 = ___   5 + 5 = ___
4 + 4 = ___   3 + 3 = ___
6 + 6 = ___   7 + 7 = ___

③ Vergleiche: >, <, =?

18 ○ 14   20 ○ 12
7 ○ 8   11 ○ 16
10 ○ 10   14 ○ 4

④ Zerlege.

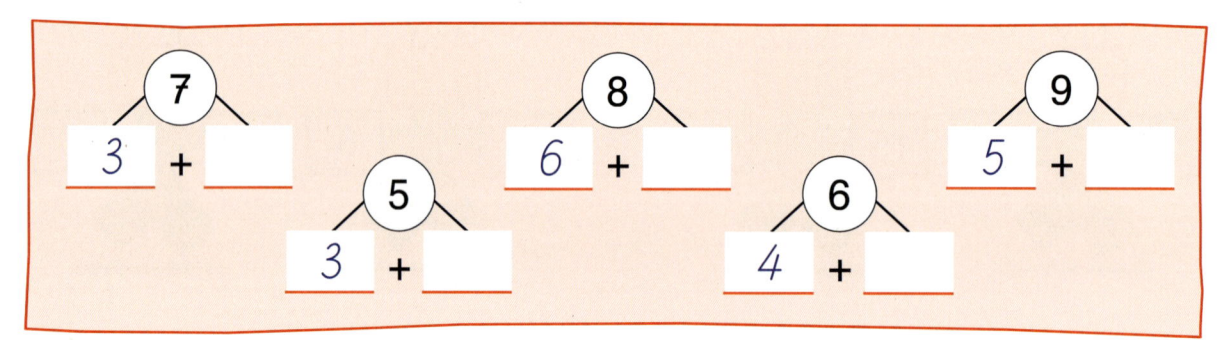

7 → 3 + ___
5 → 3 + ___
8 → 6 + ___
6 → 4 + ___
9 → 5 + ___

⑤ 3 Zahlen – 4 Aufgaben: Es gibt immer 2 Möglichkeiten. Schreibe ins Heft.

6 8 2   8 11 3

5 12 7   7 8 1

Alle Aufgaben können im Zwanzigerfeld gelegt werden.
Zeit nehmen und Zeit geben, um alle Inhalte mit Material zu vertiefen.

W1

Abschied von der 1. Klasse – Grundwissen ⑤

SB S. 123

① Ordne der Größe nach.

a) 19, 9, 21, 12, 2, 5, 15, 1, 16
1, _____

b) 20, 14, 4, 10, 7, 3, 13, 11, 18
_____

②
7 + 2 = ___   6 + 4 = ___   3 + 5 = ___   9 + 1 = ___
17 + 2 = ___ 16 + 4 = ___ 13 + 5 = ___ 19 + 1 = ___

③
10 − 5 = ___   10 − 7 = ___
10 − 3 = ___   10 − 6 = ___
10 − 4 = ___   10 − 2 = ___
10 − 1 = ___   10 − 9 = ___

④ Halbiere.
10 = 5 + ___
14 = 7 + ___
18 = 9 + ___
8 = 4 + ___
12 = 6 + ___
16 = 8 + ___

⑤ Setze ⊕ oder ⊖ richtig ein.

6 ○ 4 = 10
3 ○ 5 = 8
12 ○ 3 = 9
18 ○ 6 = 12
19 ○ 1 = 18

⑥ Wie viel kommt dazu oder weg?

6 *+ 14* = 20   17 _____ = 19
5 _____ = 9   3 _____ = 6
12 _____ = 10   15 _____ = 14

Alle Aufgaben können im Zwanzigerfeld gelegt werden.
Zeit nehmen und Zeit geben, um alle Inhalte mit Material zu vertiefen.

W1

Im dazugehörenden Download-Material finden Sie folgende Inhalte:
- alle Förderseiten (editierbar)
- Lösungen
- Erläuterungen zu jeder Förderseite
- Wortspeicher mit den wichtigsten Begriffen zu den verschiedenen Themenbereichen:
  W1 (Zahlen und Operationen)
  W2 (Raum und Form)
  W3 (Größen und Messen)
  W4 (Daten und Zufall)
- Liste mit hilfreichen Arbeitsmitteln und dazugehörigem Wortspeicher

Zusatzseiten für die Ausgabe Bayern:
- Förderseite zu SB S. 92 (BY) „Wahrscheinlich – unmöglich"
- Förderseite zu SB S. 93 (BY) „Wahrscheinlich – unmöglich"
- Förderseite zu SB S. 111 (BY) „Zeitdauer"
- Lösungen zur Förderseite zu SB S. 92 (BY) „Wahrscheinlich – unmöglich"
- Lösungen zur Förderseite zu SB S. 93 (BY) „Wahrscheinlich – unmöglich"
- Lösungen zur Förderseite zu SB S. 111 (BY) „Zeitdauer"

- zusätzliche Kopiervorlagen:

  KV 1: Zählen/Zahlwortreihe ①
  KV 2: Zählen/Zahlwortreihe ②
  KV 3: Zählen/Zahlwortreihe ③
  KV 4: Unsere Klasse
  KV 5: Mengenkarten (Strichbilder)
  KV 6: Schüttelschachteln
  KV 7: Strukturierte Anzahlerfassung
  KV 8: Zwanzigerfelder
  KV 9: Blitzlesekarten
  KV 10: Zahlenkarten und Rechenzeichen
  KV 11: Aufgabenkärtchen ⊕ 1
  KV 12: Aufgabenkärtchen ⊕ 2
  KV 13: Plusaufgaben am Zwanzigerfeld ①
  KV 14: Plusaufgaben am Zwanzigerfeld ②
  KV 15: Grundvorstellungen zur Addition
  KV 16: Minusaufgaben am Zwanzigerfeld ①
  KV 17: Minusaufgaben am Zwanzigerfeld ②
  KV 18: Grundvorstellungen zur Subtraktion
  KV 19: Aufgabenkärtchen ⊖ 1
  KV 20: Aufgabenkärtchen ⊖ 2
  KV 21: Zusammenhang zwischen Addition und Subtraktion ①
  KV 22: Zusammenhang zwischen Addition und Subtraktion ②
  KV 23: Dreibildgeschichten
  KV 24: Wird es mehr oder weniger?
  KV 25: Blanko-Zahlenmauer mit 3 Grundsteinen
  KV 26: Blanko-Zahlenmauern mit 3 Grundsteinen
  KV 27: Dominosteine
  KV 28: Spielbogen: Dominosteine vergleichen
  KV 29: Blitzlesen
  KV 30: Zahlenquartett ①
  KV 31: Zahlenquartett ②
  KV 32: Geobretter ①
  KV 33: Geobretter ②
  KV 34: Blanko-Tabellen und -Säckchen
  KV 35: Selbst Murmelsackrätsel schreiben
  KV 36: Bildkarten: Wann mache ich was?
  KV 37: Kennst du die Uhr? – Zuordnungsspiel
  KV 38: Eigene Knobelelefanten erfinden
  KV 39: Das Rechendreieck
  KV 40: Rechendreiecke